A MORTE DO DIPLOMATA

Eumano Silva

A MORTE DO DIPLOMATA
UM MISTÉRIO ARQUIVADO PELA DITADURA

1ª reimpressão

Brasília
Tema Editorial
2017

© 2017, Eumano Silva
© 2017, Tema Editorial

Este livro ou parte dele não pode ser reproduzido por qualquer meio sem autorização escrita da editora.

Coordenação editorial: Beth Cataldo
Projeto gráfico e capa: Sérgio Luz
Preparação e revisão de provas: Michel Gannam
Imagens da capa e contracapa: fragmentos da revista *Fatos e Fotos* e dos jornais *Het Vaderland, Estado de Minas, Jornal do Brasil* e *Jornal da Tarde*.
Foto de Paulo Dionísio de Vasconcelos: Acervo da família
Foto de Eumano Silva: André Dusek

S586m   Silva, Eumano

A morte do diplomata : um mistério arquivado pela ditadura / Eumano Silva. - Brasília : Tema Editorial, 2017.

208 p.
ISBN 978-85-63422-02-6

1. História. 2. Ditadura militar – Brasil. 3. Investigação jornalística. 4. Paulo Dionísio de Vasconcelos. 5. Holanda – Embaixada Brasileira. I. Título.

CDD 981.063
CDU 94:321.64(81)

Ficha catalográfica elaborada por Paloma Fernandes Figueiredo Santos
Bibliotecária – CRB – 2751- 6ª Região

Tema Editorial Ltda.
SCN Quadra 4, Bloco B, sala 1201 – Brasília/DF – CEP 70714-900
www.temaeditorial.com.br

*O escritor de não ficção tem com o leitor
um contrato que o obriga a limitar-se
a eventos que ocorreram de fato e às
personagens que tenham equivalentes na
vida real, o que não permite que ele enfeite a
verdade sobre tais eventos ou personagens.*

JANET MALCOLM

Sumário

Prefácio   11
José Salomão David Amorim

Apresentação   15

A MORTE DO DIPLOMATA
Um mistério arquivado pela ditadura

1 Mão suja de sangue   21

2 Caso de polícia   22

3 Espera   23

4 O inspetor   24

5 Ditadura   26

6 Notícia   29

7 Vida de diplomata   31

8 Guerra Fria   35

9 Scotland Yard   37

10 Denúncias   41

11 Dom Helder Câmara   42

12 Choro no banheiro   44

13 Haia   46

14 Família mineira   47

15 Expulso   51

16 Obelisco   55

17 Guinada   59

18	Brasília	64
19	Elizabeth II	68
20	Tulipas	71
21	Criptografia	75
22	Honra ao marechal	77
23	Arenque defumado	78
24	Perícia	80
25	No plenário	81
26	Ameaça de bomba	82
27	Segurança	83
28	Manifestações	83
29	Contrapropaganda	84
30	Pressionado	86
31	A torre de Roterdã	86
32	Comprimidos	87
33	Procedimentos	88
34	Diário	90
35	Repercussão	131
36	Primeiros depoimentos	135
37	Laudo	140
38	Sob a poça	143
39	Busca de provas	146
40	Oficial	149
41	Intérprete	155
42	Terminado e assinado	160
43	Retorno	161
44	A reportagem continua	165

45	Dúvida	168
46	Circunstâncias misteriosas	170
47	Enterro	172
48	Missa e parto	173
49	Fato novo	176
50	O chefe do Protocolo	179
51	Conferência	180
52	Alhures	184
53	Baú	189
54	História cobertura	191
55	Tabu	195
56	Pernas compridas	196
57	Procura	198
58	Gesto	201

Epílogo   203

Prefácio

O mineiro Paulo Dionísio de Vasconcelos é o personagem de *A morte do diplomata: um mistério arquivado pela ditadura*, livro-reportagem escrito no estilo de ficção policial. A última vez que vi Paulo foi em Brasília, por volta de 1967. Alegre e surpreso por reencontrá-lo, depois de alguns anos, exclamei: "Oi, Paulão!". E ele, em tom meio confidencial, respondeu-me: "Não me chame mais de Paulão, pois agora sou do Itamaraty."

O encontro marcaria a continuação de uma amizade fraterna de dois estudantes da Faculdade de Direito da UFMG, em Belo Horizonte, que moravam em pensões vizinhas, no centro da cidade, e trocavam livros de literatura (li *Grande sertão: veredas* emprestado pelo Paulo). Todavia, nunca mais o encontrei.

O autor deste livro, o jornalista Eumano Silva, com quem compartilhei uma experiência intensa de trabalho no jornal-laboratório *Campus*, foi um dos alunos mais brilhantes que tive na Faculdade de Comunicação da UnB. Depois de formado, desenvolveu sólida carreira, trabalhando nos principais jornais e revistas do país.

Eumano escreveu *Operação Araguaia: os arquivos secretos da guerrilha*, assinado em coautoria com Taís Morais, um admirável trabalho de pesquisa e de jornalismo investigativo sobre um episódio violento e trágico da História do Brasil durante o regime militar.

O jornalista se interessou por escrever este livro sobre Paulo ao tomar conhecimento de sua morte, nebulosa, quando servia como diplomata na embaixada brasileira na Holanda, no auge da ditadura militar. Realizou um árduo e minucioso trabalho de jornalismo investigativo. Passou um ano e meio viajando e pesquisando no Brasil e no exterior, observando ambientes e pessoas, entrevistando testemunhas e familiares, levantando documentos, checando dados e informações. Teve acesso a documentos oficiais sigilosos e a documentos íntimos, como os diários do próprio personagem da história, fornecidos pela família.

Pretendeu fazer um jornalismo rigorosamente objetivo. Mas, neste tempo de pós-verdade em que vivemos, é possível ser totalmente objetivo? Permanece válida essa pretensão? A edição brasileira do *Le Monde Diplomatique*, de abril de 2017, traz uma reportagem sobre o canal russo RT, hoje um dos principais canais de notícias do mundo, para quem a objetividade não existe. Margarita Simonyan, uma das estrelas da emissora, diz: "A objetividade não existe: há formas de aproximar-se da verdade, proporcionais às vozes possíveis sobre um acontecimento." E acrescenta: "A RT prefere celebrar o pluralismo a proclamar a objetividade."

Simonyan tem razão no que diz respeito ao pluralismo de vozes, proporcionado pela diversidade de mídias, que funcionam como um jogo de espelhos, em que a imagem é vista de diversos ângulos. Um espaço com um único espelho é o Brasil hoje, onde um pequeno grupo de proprietários define quem deve falar, sobre o que e como falar na mídia. Mas a objetividade continua a ser um valor crucial no jornalismo, especialmente agora que a internet implodiu a mídia tradicional e deu voz a todos. Na cacofonia que se instalou, salvam-se as vozes confiáveis, que praticam um jornalismo robusto e responsável. Eumano inscreve-se nesse time com uma postura de respeito intransigente pelos fatos. Como ele disse: "Fui inflexível ao fazer o livro. Nenhuma palavra, nenhum juízo a mais do que permitiam os fatos." A esse rigor juntou-se o firme propósito de jamais enganar as fontes e os entrevistados. Como diz a jornalista norte-americana Janet Malcolm, em *O jornalista e o assassino*: "A disparidade entre o que parece ser a intenção de uma entrevista quando ela está acontecendo e aquilo que no fim ela estava de fato ajudando a fazer é sempre um choque para o entrevistado."

Lidando com coisas delicadas, como o acesso aos diários, às cartas e aos documentos de Paulo Dionísio, conversando e gozando da mais absoluta confiança da família de Paulo, Eumano levou ao extremo o cuidado para não trair essa confiança.

Ocorre-me também uma reflexão sobre o texto. Há uma frase de um autor norte-americano sobre jornalismo que diz: "O jornalista deve ser tão brilhante quanto Kant, mas não tão aborrecido quanto ele." Na busca da emoção, o jornalista Ignacio Ramonet, em *La tyrannie de la communication*, diz que a hiper-emoção é uma característica da era em que vivemos, da superinformação; e que o jornal televisivo é um exemplo bem claro de fascinação pelo acontecimento-espetáculo: "Ele criou uma equação informacional. Se a emoção que você sente vendo o jornal na televisão é verdadeira, a informação é verdadeira."

Na busca pela atenção, hoje um recurso tão disputado a ponto de se falar em uma economia da atenção (e não economia da informação), sempre se corre o risco de abuso do emocional.

Eumano se inspirou nos recursos literários do romance policial ao lidar com o desafio de escrever uma reportagem de fôlego. Inspirou-se também na grande experiência de trabalho em revistas noticiosas semanais, que usam, mais do que o jornalismo diário, os recursos da narrativa: suspense, metáfora e emoção. Mas fez isso sem passar da conta. Assim, não prejudicou a integridade do relato.

Uma riqueza do livro são as revelações que traz sobre o período da vida de Paulo Dionísio Vasconcelos, dos anos 1950 aos 1970. Desde os tempos de internato até a troca do primeiro olhar com a colegial Maria Coeli, que seria sua esposa, na então romântica e inocente Praça Sete, em Belo Horizonte, até sua morte na distante Haia.

Entre os dois acontecimentos, o Brasil passa da euforia e criatividade dos anos 1960 ao longo período de repressão política. Destaca-se o relato sobre o comportamento dos serviços diplomáticos e de informação do governo militar nos episódios envolvendo Paulo e a imagem do país no exterior. Predominavam as respostas evasivas, os textos lacônicos, a neutralidade de linguagem, a cumplicidade e a obsessão com a imagem do regime, abalada pelos abusos contra os direitos humanos.

Termino com um recado para o meu querido e saudoso Paulo Dionísio Vasconcelos. Convivemos num momento único de nossas vidas, em que predominavam em nossos corações a generosidade, a inocência e o desejo de conhecer o mundo. Agora que você não está mais no Itamaraty, posso voltar a chamá-lo pelo antigo apelido? Explico por quê. Paulão foi meu companheiro em um período fascinante de nossas vidas. Com essa lembrança, procuro preservar esse momento privilegiado do passado que desfrutamos juntos.

José Salomão David Amorim
PROFESSOR TITULAR
FACULDADE DE COMUNICAÇÃO UNIVERSIDADE DE BRASÍLIA (UnB)

Apresentação

Uma história policial de verdade

Paulo Dionísio de Vasconcelos servia na Embaixada do Brasil em Haia, na Holanda, quando apareceu morto dentro do seu carro em uma rua da cidade. O fato causou apreensão na comunidade internacional. Em 1970, o mundo vivia sob as ameaças da Guerra Fria e o Brasil atravessava a fase mais repressiva da ditadura militar. Serviços secretos e espiões agiam no submundo da política brasileira e no circuito internacional. No confronto com governos autoritários, organizações de esquerda sequestravam diplomatas estrangeiros na América Latina.

As circunstâncias da morte de Paulo Dionísio intrigaram colegas, parentes e autoridades. O resultado das investigações, apresentado no dia seguinte à morte, provocou dúvidas entre familiares e dentro do Itamaraty. Fatos novos, surgidos nos meses seguintes, aumentaram as incertezas sobre o desfecho do inquérito.

Tomei conhecimento do trágico fim de Paulo Dionísio em 2012, quando prestei consultoria à Comissão Nacional da Verdade (CNV). Na ocasião, não consegui avançar na apuração do caso.

Em meados de 2015, com recursos próprios, decidi fazer uma reportagem sobre Paulo Dionísio. Estive em Haia e visitei o local onde o diplomata foi encontrado morto. Pelas características intrínsecas da história, resolvi escrever este livro inspirado em romances policiais.

A reportagem aborda os mistérios em torno da morte do diplomata, apresenta a investigação da polícia holandesa, o inspetor responsável pelo caso e as conclusões finais do inquérito.

Embora tenha tomado emprestado um recurso da literatura, não recorro, em nenhum momento, à ficção. Os fatos são narrados com base no acervo do Itamaraty, nos arquivos da família, na cobertura feita pela imprensa brasileira e estrangeira e em entrevistas de pessoas que tiveram relação com o caso. Posso dizer, então, que se trata de uma história policial de verdade.

Realizei pesquisas no Ministério das Relações Exteriores (MRE), nos termos da Lei nº 12.527, de 2011 (Lei de Acesso à Informação), e do Decreto nº 7.724, de 2012.

Amarradas com barbantes, velhas pastas de papelão guardam mensagens relacionadas a Paulo Dionísio trocadas entre a Embaixada do Brasil nos Países Baixos, o gabinete do chanceler Mario Gibson Barbosa e a embaixada em Londres. Revelam também comunicações secretas entre a Secretaria de Estado e as embaixadas na Holanda e no Reino Unido.

Os arquivos do Itamaraty preservam o contexto político dos anos 1970. Documentos sigilosos, inéditos, comprovam contatos de diplomatas brasileiros com autoridades estrangeiras na perseguição aos exilados na Europa. Os papéis expõem a atuação ostensiva das embaixadas na defesa da ditadura.

A reportagem reconstitui a infância do diplomata no interior de Minas Gerais, os estudos em Belo Horizonte, a passagem pelo Rio de Janeiro e por Brasília e os últimos meses de vida na Holanda.

Durante as pesquisas, contei com total colaboração da família Vasconcelos. Deles recebi o inquérito policial, documentos pessoais e fotos do personagem central deste livro. A viúva, Maria Coeli, e as filhas, Manoela e Maria Paula, permitiram-me vasculhar a vida de Paulo Dionísio.

Com o consentimento da mãe e da irmã, Manoela assinou procuração franqueando-me acesso irrestrito a documentos sobre o pai dentro e fora do MRE.

Desde o início das conversas, ficou entendido que não haveria interferência da família no conteúdo do livro. As conclusões foram definidas pela apuração jornalística. De minha parte, procurei ouvir e respeitar a intimidade da família nos assuntos mais sensíveis.

O velho baú de Maria Coeli guarda as memórias do marido morto. Escrito no último ano de vida, o diário do diplomata contém centenas de páginas manuscritas com desabafos, relatos e opiniões sobre fatos da época, resenhas de filmes e livros. As anotações indicam, também, como os adidos militares agiam para impor nas embaixadas as diretrizes da Comunidade de Informações, a rede sistematizada dos serviços secretos brasileiros.

Reconstituir uma história trágica passada há quase cinco décadas requer cuidados especiais de profissionais da notícia e de pesquisadores. Demanda zelo ainda maior quando o caso cerca-se de dúvidas, com nuances políticas e traumas familiares.

A técnica jornalística dispõe das ferramentas apropriadas para a produção de narrativas equilibradas sobre episódios complexos. Nesta obra, procuro aplicar fundamentos básicos da profissão – como busca de informações de fontes primárias, checagem criteriosa de dados, transparência de procedimentos, precisão e clareza de texto –, com a finalidade de contar a vida e a morte de Paulo Dionísio. Eventuais erros decorrem de falha humana.

Ao divulgar os arquivos oficiais do governo autoritário, levo ao conhecimento dos leitores uma parte da História do Brasil escondida pela burocracia federal. Nesse aspecto, tenho a pretensão de fornecer à sociedade um conjunto de informações que ajude na compreensão daquele período.

No cumprimento dessa tarefa, cheguei até onde julguei pertinente ao ofício do repórter. Sem preestabelecer teses, ative-me aos limites do jornalismo, estipulados pela estrita apuração dos fatos.

A realização deste livro só me foi possível por desfrutar da confiança das famílias envolvidas, da receptividade dos entrevistados e da ajuda de amigos.

Manifesto, com ênfase, minha gratidão aos Vasconcelos e aos Almeida pela aceitação do meu projeto. Em especial, registro a disponibilidade e a franqueza de Maria Coeli, Manoela e Maria Paula no decorrer da produção da reportagem. O ex-ministro Paulino Cícero de Vasconcelos abriu as portas de sua casa e remexeu o passado para falar do irmão Paulo Dionísio.

A publicação de *A morte do diplomata* também tem a decisiva participação de três mulheres jornalistas, às quais rendo minhas homenagens.

A editora Beth Cataldo acreditou na força e na importância desta história desde nossa primeira conversa sobre o livro, no início de 2016. Com suas orientações e acompanhamento, a reportagem ganhou profundidade no contexto histórico e adquiriu o formato final. Responsável por sugerir a parceria com Beth, a amiga Graça Ramos apoiou com entusiasmo todas as etapas do projeto. Editora experiente e generosa, Graça leu e releu os originais com o olhar de conhecedora dos meandros do Itamaraty. Com satisfação, acolhi suas sugestões.

Em Londres, Maria Luiza Abbott assumiu como *freelancer* a checagem de pistas sobre Paulo Dionísio engavetadas pelo Itamaraty desde 1970. Conhecida por Cuca pelos colegas de profissão, a jornalista jogou-se com garra na busca de esclarecimentos de um enigma relacionado ao diplomata.

O faro de repórter levou-a até as últimas descobertas desta empreitada. Credito a Cuca as revelações do epílogo do livro.

Ao juntar as três no projeto, exalto a memória de um querido amigo em comum, Ariosto Teixeira, vocacionado repórter que nos deixou precocemente, referência sólida para o exercício da profissão.

Com desmedida satisfação, agradeço ao jornalista Romário Schettino. Amigo de longa data, foi a primeira pessoa a me falar sobre a morte de Paulo Dionísio. No jargão das redações, pode-se dizer que foi o pauteiro deste trabalho. Ao longo das pesquisas, atuou como atencioso conselheiro.

Outros três diletos amigos honraram-me com a leitura dos originais e dezenas de observações que aprimoraram esta publicação. Professor reconhecido por todas as gerações de jornalistas de Brasília, José Salomão David Amorim examinou o texto com rigor profissional, identificou falhas e apontou soluções.

Salomão folheou estas páginas com um sentimento particular: no tempo de faculdade, na década de 1950, teve estreita convivência com Paulo Dionísio em Belo Horizonte. Ao mestre, expresso minha reverência.

O historiador Paulo Parucker, abnegado pesquisador de arquivos da ditadura, fez valiosas considerações sobre a documentação usada na produção do livro. O antropólogo Marcus Vinícius Garcia contribuiu com correções pontuais e deu relevantes opiniões sobre o texto.

Ressalto a disposição das pessoas entrevistadas para revisitar o passado e recuperar fragmentos da vida de Paulo Dionísio que compõem este livro. São elas: Amaury Banhos Porto de Oliveira, Brian Michael Fraser Neele, Celso Amorim, Cláudio Antônio de Almeida, Fernando José de Almeida, Guido Motta, Henny Schendel, João Paulo Capiberibe, José Viegas Filho, Liana Sabo, Manoela Vasconcelos, Márcio Augusto Santiago, Marcos Castrioto de Azambuja, Maria Coeli de Almeida Vasconcelos, Maria do Carmo de Vasconcelos, Maria Paula Vasconcelos d'Escragnolle Taunay, Miguel Darcy de Oliveira, Paulino Cícero de Vasconcelos, Raul de Taunay e Samuel Pinheiro Guimarães.

A receptividade dos órgãos públicos facilitou as pesquisas documentais. Destaco a boa vontade e a paciência dos responsáveis pela Coordenação-Geral de Documentação Diplomática (CDO) do MRE. Na busca de esclarecimentos, também recorri ao Arquivo Nacional e contatei a Embaixada dos Países Baixos em Brasília.

Estendo minha gratidão a pessoas que, de diferentes maneiras, contribuíram para a execução deste projeto. Parente distante dos Vasconcelos, Giovani Guimarães, de Belo Horizonte, levou-me a conhecer São Domingos do Prata.

Amigos jornalistas responderam com desprendimento quando solicitados. Anoto, nesse sentido, o apoio dos colegas Marcelo Rocha, William França, Lilian Tahan, Sônia Silva e Nelson Breve.

O médico Joaquim Silva Filho, meu tio, e a psicóloga Kátia Maheirie tiraram dúvidas relativas às suas áreas profissionais.

Ao final da jornada, com amor, enalteço a presença determinante de minha companheira, Silvia Pavesi, e de meu filho, Gregório Pavesi Silva. A ambos, dedico este livro.

A MORTE DO DIPLOMATA

UM MISTÉRIO ARQUIVADO PELA DITADURA

1
Mão suja de sangue

O casal de estudantes pedala sem pressa pela Pompstationsweg, em Haia, em uma tarde do verão europeu de 1970. À frente, antes da esquina com a Badhuisweg, um automóvel chama a atenção dos jovens de bicicleta.

Estacionado perto do bosque, com dois pneus sobre o acostamento, o Lancia Fulvia verde-escuro tem placa do corpo diplomático. Parece vazio.

No momento em que os ciclistas se aproximam, a porta do passageiro abre-se cerca de um palmo. Pela fresta, a moça vê uma mão suja de sangue. Os dois chegam mais perto para observar o interior do carro.

Um homem de cabelos pretos está sentado no assoalho, tombado para o lado direito e com o rosto quase encostado na porta. Manchas vermelhas tingem a camisa clara e escorrem pelo pescoço do desconhecido.

Depois de rápida troca de palavras com a amiga, o rapaz sai apressado na bicicleta à procura de um guarda. A Polícia Municipal entra no caso. Em menos de meia hora, o serviço de saúde constata a morte do homem encontrado dentro do Lancia.

Os documentos pessoais localizados no veículo permitem imediata identificação do sujeito. Trata-se de Paulo Dionísio de Vasconcelos, 35 anos incompletos, diplomata brasileiro, segundo-secretário da Embaixada do Brasil em Haia.

2
Caso de polícia

Os métodos de investigação da polícia holandesa em 1970 pouco diferem do padrão adotado na Europa desde o século XIX. A linha de apuração consiste, basicamente, em diligências para busca de provas materiais e na oitiva de testemunhas. Em casos de morte, recorre-se também à necropsia.

O Escritório I da Investigação Central da Polícia Judiciária de Haia abre o inquérito número 6.571/1970 para apurar a ocorrência da Pompstationsweg. Um inspetor do Serviço de Investigação Técnica comanda a perícia do caso.

Como envolve um diplomata estrangeiro, as circunstâncias exigem cuidados especiais das autoridades holandesas. Por volta das 17h30, o embaixador do Brasil em Haia, Carlos da Ponte Ribeiro Eiras, recebe a visita de dois funcionários da Polícia Municipal.

Os policiais notificam o representante brasileiro da morte do diplomata. Falam do corpo encontrado dentro do carro e dos documentos em nome de Paulo Dionísio.

Convidado a comparecer ao local onde o segundo-secretário foi encontrado, o embaixador chama o diplomata Brian Michael Fraser Neele e o assistente técnico, Ivo Barroso, para acompanhá-lo.

Investigadores têm por ofício o esclarecimento de mistérios. Realizam exames periciais com a tecnologia disponível, interrogam testemunhas e usam método dedutivo para resolver desafios criminais. Esses elementos de pesquisa mostram-se presentes tanto em casos verídicos quanto na ficção.

No clássico *Os crimes da rua Morgue*, de 1841, o escritor norte-americano Edgar Allan Poe criou uma trama em torno do bárbaro assassinato de duas mulheres, dentro de casa, em Paris. A imprensa divulgou informações incompletas e a polícia atrapalhou-se na investigação.

Os enigmas em torno da notícia despertaram o interesse do detetive amador Augusto Dupin. Com acurado senso de observação, o protagonista descobriu que o responsável pelas mortes fora um orangotango fugitivo de uma jaula particular.

A obra com desfecho improvável – um crime em Paris cometido por um macaco – rendeu a Poe o posto de precursor do conto policial com detetive.

Assim como na ficção, a polícia de Haia apresentará uma solução surpreendente para o caso do diplomata brasileiro.

Paulo Dionísio morreu envolto em mistérios.

3
Espera

Maria Coeli de Almeida Vasconcelos desliga o telefone apreensiva com a falta de notícias do marido. Passa das 18h. Pela segunda vez na tarde desta terça-feira, 4 de agosto, ela fracassa na tentativa de obter na embaixada brasileira alguma informação sobre seu paradeiro.

"Ele vai demorar um pouco", disse a secretária, meio lacônica, na última ligação.

Na primeira chamada, mais de uma hora antes, a voz do outro lado da linha afirmara apenas que o diplomata não tinha retornado à tarde.

Paulo Dionísio almoçou em casa, na rua Zwanenlaan. Conforme combinado na despedida, ele já deveria estar de volta.

"Às seis horas eu estarei aqui e vamos os três para a praia", disse o diplomata, referindo-se ao casal e à filha, Manoela, de dois anos.

Com quase nove meses de gravidez, Maria Coeli aceitou de pronto a proposta de fazer um passeio ao ar livre no final do dia.

Na Holanda, o sol se põe por volta das 22h nos meses de agosto. As pessoas aproveitam o clima menos frio e a luz natural para caminhadas e piqueniques.

Esses programas, em especial, fazem muito bem para a saúde de Manoela, em recuperação de uma luxação congênita na cabeça do fêmur. Uma das pernas não crescera o suficiente dentro do útero da mãe. Ela andava com dificuldade e usava um equipamento fabricado em Brasília pelo médico Aloysio Campos da Paz, especialista em ortopedia e reabilitação.

No dia de sua morte, na hora do almoço, Paulo Dionísio pôs na vitrola um LP dos Beatles. Enquanto ouvia a faixa "Hey Jude", deitou-se no tapete e brincou com Manoela.

Antes de dar partida no Lancia, o diplomata pegou uma nota de 20 florins com Maria Coeli. Na sequência, contou o que faria naquela tarde: iria rapidamente a uma cidade vizinha, Utrecht, regressaria a Haia, passaria na embaixada e, por fim, voltaria para casa.

Essa programação, no entanto, não foi concluída.[1] Paulo Dionísio nem mesmo telefonou para justificar o atraso.

Na iminência do nascimento do segundo bebê, não faz sentido deixar de cumprir o combinado sem um motivo relevante.

O diplomata andava com os nervos descontrolados nas últimas semanas. Esquecia as coisas, ficava irritado. Aparentemente, esse comportamento tinha a ver com pressões sofridas no trabalho.

Estava assim, perturbado, depois do almoço. Algum imprevisto aconteceu para o marido faltar ao compromisso familiar, conclui Maria Coeli.

A espera torna-se tensa.

4
O inspetor

Pouco antes das 17h, o inspetor principal da Polícia Municipal, Jan van Diemen, recebe ordens para comandar a investigação técnica. Chefe suplente do Escritório I da Polícia Judiciária, ele segue apressado para a Pompstationsweg. Vai acompanhado pelos funcionários técnicos B. C. A. Kuijvenhoven e B. L. Kouvenhoven.

---

1 Episódio reconstituído com informações passadas por Maria Coeli de Vasconcelos em entrevistas ao autor e em texto escrito em 1988.

Van Diemen tem a missão de juntar os indícios coletadas pelos peritos. No final das investigações, vai preparar relatório detalhado, com apresentação de provas e análises sobre as descobertas.

O Lancia placa CD-491 permanece parado na altura da casa nº 7, do lado oposto da pista. Está cerca de três metros distante do bosque, encostado na ciclovia, com a frente voltada para a Badhuisweg.

A Pompstationsweg é uma rua curta, com pouco mais de 900 metros. Fica paralela à praia, a menos de dois quilômetros do mar. Começa na Badhuisweg e termina na autoestrada Van Alkemadelaanf.

Do ponto de vista de quem está dentro do carro, observa-se do lado direito uma das laterais da reserva florestal do parque Nieuwe Scheveningse Bosjes. Do lado esquerdo, sobressaem alguns sobrados residenciais.

Um canteiro gramado e arborizado ao longo da Pompstationsweg separa as duas faixas para automóveis, uma em cada sentido. A calçada para pedestres passa em frente às casas. Entre a pista e o bosque do parque, a ciclovia segue o mesmo percurso.

Enquanto Van Diemen e sua equipe trabalham, guardas fardados mantêm um grupo de curiosos afastados do automóvel. Fotógrafos da polícia e da imprensa fazem imagens da cena. Cerca de quatro dezenas de homens participam da investigação no local, em diligências e nas instalações policiais.

Procurador do rei, A. W. Rosingh acompanha a operação. No Brasil, o cargo de Rosingh assemelha-se ao de procurador da República.

O embaixador Eiras e os dois subordinados incorporam-se ao grupo. Michael Neele reconhece o morto.[2] De fato, o homem dentro do Lancia é Paulo Dionísio de Vasconcelos.

No escritório central da polícia, os investigadores começam a ouvir testemunhas. As autoridades holandesas têm pressa.

---

2 Entrevista por e-mail do embaixador Brian Michael Neele.

Oficialmente, a nação conhecida por Holanda chama-se Reino dos Países Baixos, formado por 12 províncias – entre elas a Holanda do Norte e a Holanda do Sul. Amsterdã é a capital, mas a sede do governo e a residência oficial da família real ficam em Haia.

A rainha Juliana, da casa de Orange-Nassau, foi coroada em 1948 depois da abdicação de sua mãe, a rainha Guilhermina. Os nascidos em todo o reino são chamados de holandeses.

Fundada em 1815, a monarquia dos Países Baixos mantém relações políticas e econômicas com a ditadura brasileira.

Na perspectiva dos dois governos, a morte de Paulo Dionísio exige solução rápida para não se transformar em crise intercontinental. No final da tarde, informações desencontradas sobre o ocorrido em Haia começam a circular por embaixadas e agências de notícias.

Abalada por recentes atos violentos contra representantes estrangeiros em diferentes pontos do planeta, a comunidade internacional leva mais um susto com a notícia do ocorrido em Haia.

5
Ditadura

O Brasil atravessa em 1970 o auge da ditadura instalada seis anos antes com um golpe militar.

O general Emílio Garrastazu Médici ascende ao Palácio do Planalto em outubro de 1969, eleito pelo Congresso Nacional. Sucedeu uma junta militar que assumira o poder com o afastamento, por motivo de doença, do marechal Arthur da Costa e Silva.

Em dezembro de 1968, Costa e Silva baixara o Ato Institucional nº 5 (AI-5). Esse pacote de leis de exceção determinou o fechamento do Congresso, restringiu as liberdades individuais e coletivas. Ao suspender as garantias do *habeas corpus*, o AI-5 liberou os radicais da caserna para exterminar os inimigos do regime. Começou, assim, a fase mais dura dos Anos de Chumbo.

Médici governa embalado por uma onda recorde de desenvolvimento do país. A inflação em queda contribui para a preservação do poder de compra da população, ao mesmo tempo que os níveis de desigualdade social se acentuam.

No futuro, o intervalo compreendido entre os anos de 1967 e 1973 ficará conhecido como a época do Milagre Econômico. Nesse período, o Produto Interno Bruto (PIB) alcançará crescimento médio anual de 10,2% e níveis de desemprego inferiores a 5%.

No futebol, o escrete canarinho do técnico Mário Jorge Lobo Zagallo torna-se tricampeão ao vencer a Copa do Mundo de 1970, disputada em junho no México. Liderado por Pelé e Tostão, o time consagra-se como uma das melhores seleções de todos os tempos.

A ditadura usa o sucesso nos gramados para camuflar a perseguição aos adversários, seu lado sombrio.

Como base legal, o governo de exceção sustenta-se na Lei de Segurança Nacional (LSN). Esse pacote de regras remanescentes da década de 1930 incorpora, durante a ditadura, a doutrina de segurança nacional, voltada para o combate ao "inimigo interno" – representado, nessas circunstâncias, por comunistas e oposicionistas de modo geral.

Para monitorar a sociedade, em particular os adversários, o governo mantém uma rede de espionagem e repressão – a Comunidade de Informações –, formada por unidades militares e policiais. Estruturados a partir de órgãos criados nas décadas anteriores,[3] os serviços secretos da ditadura dispõem de fartos recursos financeiros e de autonomia para agir.

O aparato montado pelo governo para controlar os brasileiros organiza-se em um sistema integrado, sob a coordenação do Serviço Nacional de Informações (SNI). Os serviços secretos da Marinha, do Exército e da Aeronáutica, a Polícia Federal e as polícias estaduais executam ações repressivas.

Espiões e informantes – os "dedos-duros" – atuam em toda a máquina administrativa. Agem como olhos e ouvidos da Comunidade de Informações. Espalham-se por ministérios, autarquias,

---

3   Lucas Figueiredo, *O ministério do silêncio*, Rio de Janeiro, Record, 2005.

empresas estatais e privadas, universidades e representações no exterior.

O Ministério das Relações Exteriores (MRE) preserva características valiosas para a ditadura militar. Criada em 1736, a instituição responsável por representar os interesses do Brasil junto ao mundo possui pessoal qualificado, hierarquia e ramificações fora do território nacional.

Pelas características intrínsecas à pasta, diplomatas e demais funcionários trabalham em um sistema que guarda certas semelhanças com os quartéis. São acostumados a lidar com temas sigilosos, transitam em altas esferas internacionais, participam de decisões relevantes, documentam e classificam os trâmites oficiais.

Cultuam liturgias e relações de poder, como nas Forças Armadas. Os militares têm especial apreço pela experiência dos diplomatas na coleta e na distribuição de informações secretas.

Por ter ocupado o Palácio do Itamaraty no Rio, desde 1897, o ministério adotou, com o tempo, o nome do prédio. Itamaraty tornou-se sinônimo de MRE.

Em 1967, o marechal Humberto de Alencar Castelo Branco, primeiro presidente da ditadura, reforçou a tradição ao dar o nome de Palácio do Itamaraty à nova sede, ainda em construção, em Brasília.

No ministério funciona, desde 1967, o Centro de Informações do Exterior (Ciex), braço clandestino da ditadura na diplomacia brasileira. Foi criado durante o governo Castelo Branco pelo então secretário-geral do Itamaraty, Manoel Pio Corrêa.[4]

Embora, formalmente, não faça parte da hierarquia do ministério, o Ciex dispõe de estrutura física e de pessoal recrutado para atuar na sede, nas embaixadas e nos consulados. Diplomatas e funcionários cooptados pelo regime integram a rede montada para

---

4 "O serviço secreto do Itamaraty", série de reportagens de Claudio Dantas Sequeira, publicada pelo jornal *Correio Braziliense* a partir do dia 22 de julho de 2007.

vigiar a atuação de brasileiros em outros países. Espionam exilados e interagem com polícias e serviços secretos dos respectivos países.

Os adidos militares fazem a ponte das representações no exterior com os órgãos centrais da Comunidade de Informações. Enviam mensagens periódicas para Brasília com relatos sobre assuntos de interesse da ditadura. Focam a vigilância, sobretudo, na movimentação dos exilados e na repercussão das denúncias contra o Brasil.

Outro órgão do ministério, com funcionamento paralelo ao Ciex, conecta-se com o SNI e com os serviços secretos das Forças Armadas. Denomina-se Divisão de Segurança e Informações e tem similares nos outros ministérios. Subordina-se diretamente ao chanceler.

Essa repartição, conhecida pela sigla DSI, tem entre suas atribuições o controle do fluxo de documentos da sede, das embaixadas e dos consulados.

Com a imprensa brasileira sob censura, as notícias sobre os abusos cometidos pelos militares chegam ao exterior na voz dos exilados e de defensores dos direitos humanos. Os diplomatas ficam no meio dos conflitos entre os ativistas políticos e as orientações do Itamaraty para abafar críticas ao país.

Muitos resistem a ajudar a ditadura. Outros colaboram.

6
Notícia

Alguém aperta a campainha da casa nº 5 na Zwanenlaan. Maria Coeli abre a porta e depara-se com dois casais ligados à Embaixada do Brasil.

À frente do grupo está Michael Neele, seguido de perto pela mulher, Jeannette, pelo assistente técnico, Ivo Barroso, e pela mulher dele, Sílvia. Os visitantes têm a fisionomia carregada. Abraçam Maria Coeli e pedem que ela tome um comprimido.

Neele dá a notícia: "Paulo morreu...".

Maria Coeli apenas ouve. Com o efeito do remédio, cai no sono.

Em São Domingos do Prata, cidade serrana de Minas Gerais, o deputado estadual Paulino Cícero de Vasconcelos chega à casa de um parente para descansar depois de um dia intenso de campanha eleitoral. Passa pouco das 16h. Aos 33 anos, o parlamentar concorre pela primeira vez a uma vaga de deputado federal, pela Aliança Renovadora Nacional (Arena).

Nas décadas seguintes, Paulino Cícero construirá sólida carreira política. Terá quatro mandatos de deputado federal, será ministro de Minas e Energia no governo Itamar Franco e ocupará cargos em órgãos estaduais.

Desde 1965, vigora no Brasil o bipartidarismo, sistema político com apenas duas legendas – uma contra, moderada, e outra a favor do governo militar.

A Arena representa os interesses políticos da ditadura no Congresso, nos estados e nos municípios. Dentro dos limites impostos pelo regime de exceção, o Movimento Democrático Brasileiro (MDB) cumpre o papel de oposição.

Antes de Paulino Cícero entrar na casa, um amigo chega de carro.

"Boa tarde, que bom que você está aqui…", cumprimenta o deputado.

"Não, Paulino, o assunto que eu tenho não é bom", interrompe o recém-chegado, com semblante de preocupação.

"Mas o que foi?"

"Aconteceu alguma coisa muito séria com o Paulo, seu irmão. A notícia não é boa, falaram que ele estava em um carro, não entendi direito. Mas disseram que ele morreu, Paulino. Foi isso que disseram."

É a segunda tragédia na família Vasconcelos em pouco mais de dois anos. José Matheus de Vasconcelos, pai de Paulo Dionísio, morreu em junho de 1968.

7
Vida de diplomata

Aos 61 anos, o embaixador do Brasil em Haia administra as circunstâncias delimitadas pela ditadura. Solteiro, nascido no Rio de Janeiro, Carlos da Ponte Ribeiro Eiras entrou no MRE por concurso em 1934. É bacharel em Ciências Jurídicas e Sociais pela Faculdade de Direito de São Paulo.

Serviu em Miami, Lisboa, Argel, Paris, Havana, Cairo, Vaticano e Bruxelas. Assumiu a representação na Holanda em 1967. O posto em Haia proporciona ao embaixador um automóvel Mercedes com motorista e um cozinheiro francês.

No início de 1969, por orientação da Secretaria de Estado, Eiras comunicou aos subordinados as medidas a serem observadas em função do AI-5. Chamou individualmente os integrantes da equipe para repassar as instruções baixadas pela Secretaria de Estado.

Denomina-se Secretaria de Estado das Relações Exteriores o conjunto de órgãos da sede do MRE. No topo da estrutura, estão o gabinete do ministro e a Secretaria-Geral, instâncias superiores de decisão, ligadas ao presidente da República.

Com o apoio da DSI, a Secretaria de Estado centraliza o recebimento e o envio de documentos oficiais para embaixadas e consulados. O banco de dados formado pela troca de informações abastece a vigilância sobre o quadro de pessoal do ministério.

Diplomatas e demais servidores, em grande parte, submetem-se à bisbilhotagem oficial.

As perseguições contra oponentes ao regime militar começaram logo depois do golpe. Na segunda semana de abril de 1964, o presidente Castelo Branco instalou uma Comissão Geral de Investigação (CGI), presidida por um general, para investigar suspeitos de ligações políticas com oposicionistas.

Para atender às determinações da CGI, o ministro Vasco Leitão da Cunha criou no Itamaraty uma comissão interna, encarregada de identificar servidores contrários ao novo governo. Dezenas de diplomatas prestaram depoimentos.

Ao final, foram afastados os embaixadores Jayme de Azevedo Rodrigues e Hugo Gouthier, o cônsul em Liverpool, Jatyr de Almeida Rodrigues, e o ministro de segunda classe e filólogo Antônio Houaiss.

Essa foi a segunda punição sofrida por Houaiss no MRE. No início dos anos 1950, acusado de ligações com comunistas, ele teve os vínculos com a instituição rompidos. Depois de processo judicial, obteve reintegração.

Sob o comando do chanceler José de Magalhães Pinto, o MRE instalou em 1969 a Comissão de Investigação Sumária (CIS), grupo designado para fazer triagem política e comportamental dos diplomatas e dos outros funcionários do Itamaraty – dentro e fora do Brasil.

Embaixadores e cônsules receberam ordens para verificar se os subordinados infringiam a legislação decorrente do AI-5. Deviam observar se alguém na equipe tinha características homossexuais, "incontinência pública escandalosa", instabilidade emocional, indisciplina, crises psíquicas ou vício de embriaguez.[5]

Depois de ouvir os subordinados, um a um, Eiras respondeu às questões da CIS em ofício com data de 29 de janeiro. O embaixador atestou, genericamente, que na representação brasileira em Haia não se cometia infrações das normas contidas no Ato Institucional.

Aos subordinados, avisou que não concordava com os objetivos da CIS. Disse também que não queria clima de perseguição entre colegas.[6]

Os decretos de cassação, publicados no Diário Oficial de 30 de abril de 1969, expuseram os nomes dos punidos. Foram 13 diplomatas, oito oficiais de chancelaria e 23 servidores administrativos.

Nessa leva de cassados estava o primeiro-secretário Vinicius de Moraes, mais conhecido como poeta e compositor da música

---

5 Bernardo Mello Franco, "Itamaraty usou AI-5 para investigar vida privada e expulsar diplomatas", *O Globo*, 28 jun. 2009.

6 Relato de Henny Schendel, ex-oficial da embaixada do Brasil em Haia, em entrevista ao autor.

popular brasileira. Os outros diplomatas atingidos pelo decreto foram: Angelo Regattieri Ferrari, Arnaldo Vieira de Mello, Jenny de Rezende Rubim, João Batista Telles Soares de Pina, José Augusto Ribeiro, José Leal Ferreira Junior, Marcos Magalhães Dantas Romero, Nísio Batista Martins, Raul José de Sá Barbosa, Ricardo Joppert, Sérgio Maurício Corrêa do Lago e Wilson Sidney Lobato.

Pelo menos uma vez, em passado não muito distante, Eiras defrontou-se com um agente da repressão em ação dentro de seus domínios. No início de 1969, o adido naval do Brasil em Paris, Ezio Seize, deslocou-se até Haia para investigar o suposto envolvimento de uma funcionária da embaixada brasileira, a oficial de chancelaria Henny Schendel, com subversão.

No organograma do Itamaraty na Europa, o adido em Paris exerce autoridade também sobre a Bélgica e os Países Baixos. Nesse período, o cargo é ocupado por Seize, tratado internamente por "comandante".

Parte desse episódio ficou registrada em um telegrama enviado no dia 3 de janeiro de 1969 pela cúpula do MRE à embaixada em Haia.

O adido quis conversar com Henny. O embaixador concordou e ofereceu a própria sala para o encontro. O militar aceitou e acenou para que Eiras se retirasse. O diplomata recusou-se a sair e acompanhou o interrogatório.[7]

O nome da servidora surgira no depoimento de um artista plástico preso no Aeroporto do Galeão, no Rio, sob a acusação de integrar uma organização subversiva. Interrogado, o sujeito dera uma lista de nomes de brasileiros que conhecera na Europa. Na versão desse homem, Henny tinha ligações com uma rede de ativistas brasileiros baseados em Paris.

A funcionária negou tudo. O artista, explicou, ficara hospedado em sua casa durante a exposição de seus quadros em um museu local. Henny sentira-se incomodada com algumas atitudes

---

7 Relato de Henny Schendel em entrevista ao autor.

tomadas pelo hóspede. Alegara que receberia visitas e pediria que ele fosse embora.

Hospedar conterrâneos é uma prática comum nas residências de diplomatas no exterior. As embaixadas dispõem de verba de representação para cobrir as despesas dos anfitriões.

Esse caso terminou assim. O comandante convenceu-se.

Agora, Eiras encontra-se no centro de uma confusão internacional. Um diplomata de sua equipe aparece morto em circunstâncias estranhas, fato que vai atrair a atenção do mundo para a embaixada em Haia.

Na representação brasileira, prevalece forte sentimento de consternação. As famílias mais próximas voltam suas preocupações para a viúva, grávida, e para Manoela, a filha.

Estupefatos, diplomatas e funcionários buscam explicações para a interrupção prematura de uma carreira bem-sucedida no Itamaraty. As primeiras hipóteses sugerem assassinato, embora suicídio não esteja descartado.

Nenhuma arma perto do corpo, nenhuma carta de despedida, nenhuma pista evidente deixada por um assassino.

O embaixador Eiras telefona para Brasília e repassa ao ministro interino das Relações Exteriores, Jorge de Carvalho e Silva, as poucas informações que tem sobre a morte de Paulo Dionísio.

O ministro titular, Mario Gibson Barbosa, encontra-se em viagem pelos Estados Unidos. Lá mesmo recebe a notícia, repassada pelo interino.

Desde outubro de 1969, quando substituiu Magalhães Pinto, Gibson Barbosa comanda o MRE. O chanceler tem agora dois assuntos graves para administrar.

Quatro dias antes, em Montevidéu, a organização esquerdista Tupamaros sequestrou o cônsul brasileiro Aloysio Gomide. Para soltá-lo, os guerrilheiros fizeram exigências políticas e pediram US$ 1 milhão.

Também no dia 31 de julho, os Tupamaros levaram para o cativeiro o conhecido policial americano Daniel Anthony Mitrione. Em troca da vida do gringo, reivindicaram a libertação de 150 presos políticos. Pela importância da vítima, esse caso ganhou grande repercussão internacional.

Dan Mitrione, como é tratado, nasceu na Itália e foi criança para os Estados Unidos. Na vida adulta, notabilizou-se como orientador de métodos de tortura amplamente aplicados na América Latina. Foi instrutor da Academia Internacional de Polícia (IAP), em Washington, e tinha ligações com a Central Ingelligence Agency (CIA), a agência de espionagem dos Estados Unidos.[8]

Entre as práticas atribuídas ao agente americano, estavam choques elétricos em prostitutas e mendigos, usados como cobaias nas aulas de tortura. O policial gabava-se de aplicar métodos científicos nas agressões aos prisioneiros.

Antes de se mudar para o Uruguai, Mitrione viveu durante quatro anos no Brasil, na década de 1960. Nesse período, comandou o adestramento em massa de policiais e militares brasileiros para o combate aos inimigos da ditadura.

Em razão do currículo, Mitrione é visado pela esquerda latino-americana. Seu sequestro atrai para Montevidéu as atenções do governo da Casa Branca. O presidente dos Estados Unidos, Richard Nixon, nega-se a aceitar as exigências dos Tupamaros.

Também aprisionado pelos guerrilheiros uruguaios, Aloysio Gomide torna-se um problema para o governo Médici.

8
Guerra Fria

O mundo vive sob os ditames da Guerra Fria. Desde o fim da Segunda Guerra Mundial, os Estados Unidos e a União Soviética disputam a hegemonia política e militar do planeta. O confronto entre as ideologias comunista e capitalista é reproduzido mundo afora.

---

8   Luiz Cláudio Cunha, *O sequestro dos uruguaios*, Porto Alegre, L&PM Editores, 2008.

As duas superpotências derrubam governos, instalam ditaduras, patrocinam conflitos armados. A Guerra do Vietnã atrai as atenções mundiais para um conflito estúpido, que arrasa o país asiático. Agressores, os Estados Unidos da América situam-se do outro lado do planeta.

Na Europa, em janeiro de 1968, a União Soviética liderou as tropas que invadiram a Tchecoslováquia e sufocaram a Primavera de Praga, nome pelo qual ficou conhecido o período de reformas liberalizantes efetuadas pelo governo do então presidente Alexander Dubcek.

A América Latina abriga ditaduras alinhadas com os Estados Unidos, caso do Brasil e do Paraguai. Amparada pelos países comunistas, a esquerda radical organiza-se em estruturas clandestinas, implanta guerrilhas em grandes cidades e em áreas rurais.

Para financiar a luta armada, muitos desses grupos assaltam bancos. Outros, para pressionar os governos, sequestram autoridades.

Atos de violência atingiram diplomatas em diferentes países desde o final da década anterior. Em agosto de 1968, o embaixador dos Estados Unidos na Guatemala, John Gordon Mein, morreu durante tentativa de sequestro por guerrilheiros das Forças Armadas Rebeldes. O mesmo grupo assassinou, em abril de 1970, o embaixador alemão no país, Karl von Spreti, depois que o governo local negou-se a pagar o resgate exigido.

No Brasil, em junho de 1970, guerrilheiros esquerdistas sequestraram o embaixador da Alemanha, Ehrenfried Anton Theodor Ludwig von Holleben. Participaram da ação as organizações Vanguarda Popular Revolucionária (VPR), Ação Libertadora Nacional (ALN) e Movimento Revolucionário Tiradentes (MRT).

Em troca da soltura de Von Holleben, 40 presos políticos deixaram as cadeias e seguiram para a Argélia. Do país africano, espalharam-se pela Europa e pela América Latina. Muitos começaram de imediato a preparar o retorno ao Brasil para continuar a luta contra os militares.

Antes, em setembro de 1969, guerrilheiros do Movimento Revolucionário 8 de Outubro (MR-8) e da ALN sequestraram o embaixador dos Estados Unidos, Charles Burke Elbrick. A liberdade do norte-americano custou ao governo brasileiro a soltura e o envio ao exílio de 15 presos políticos.

Paulo Dionísio acompanhou os desdobramentos do sequestro de Elbrick pela imprensa internacional e por recortes de jornais enviados por familiares. O material chegou pela mala diplomática, o correio interno das Relações Exteriores, muito usado pelos funcionários que moram fora para comunicações com o Brasil.

9
Scotland Yard

As embaixadas envolveram-se na localização e na vigilância dos exilados e dos sequestradores. No dia 22 de setembro de 1969, duas semanas depois da libertação dos 15 ativistas brasileiros, o embaixador do Brasil em Londres, Sergio Corrêa da Costa, enviou um telegrama secreto para a Secretaria de Estado.

Na mensagem, ele pediu a lista com os nomes dos participantes da ação armada no Brasil. Corrêa da Costa sabia a identidade apenas de uma das pessoas acusadas pelo sequestro, Helena Khair, que alugara a casa usada como cativeiro para Elbrick. Encontrava-se foragida.

O embaixador brasileiro explicou que pretendia procurar a Polícia Metropolitana de Londres, a Scotland Yard, com o intuito de pedir ajuda para tentar localizar, na cidade, brasileiros envolvidos com subversão.

No mesmo telegrama, Corrêa da Costa mostrou-se, ainda, empenhado em propagar na Europa as preocupações com os inimigos do governo militar: "Estou em permanente contato com embaixador em Paris e alertei diplomatas aqui lotados."

As autoridades inglesas andavam resistentes a fornecer informações sobre estrangeiros para as embaixadas, afirmou Corrêa da Costa. O Ministério da Defesa recusava-se a compartilhar dados com os adidos militares estrangeiros. As restrições deviam-se ao fato de que os britânicos temiam o uso, por países do lado soviético, desse tipo de pista para perseguir opositores.

No caso do Brasil, com o governo alinhado ao bloco capitalista, havia possibilidade de se abrir exceção.

"Valendo-me das relações pessoais que mantenho com o chefe da Scotland Yard, vou tentar obter, a título informal, [as] informações...", comunicou o embaixador no telegrama.

Corrêa da Costa tem 50 anos e desfruta de prestígio na cúpula do Itamaraty. Casado com Zazi Aranha, filha do ex-chanceler Oswaldo Aranha, tem no currículo postos relevantes fora do Brasil. Passou por Buenos Aires, Washington, Nova York e Roma. Como embaixador, esteve em Ottawa antes de assumir, em 1968, a representação em Londres.

No passado, um cargo ocupado por Corrêa da Costa fora do Itamaraty aproximou-o das Forças Armadas brasileiras. Em 1952, ele foi chefe da Divisão de Assuntos Internacionais da Escola Superior de Guerra (ESG), a academia que formou a geração de militares que deram o golpe de 1964 e governaram o Brasil por 21 anos.

A solicitação de nomes e fotos de guerrilheiros, feita pelo embaixador em Londres, chegou à Divisão de Segurança e Informações, a DSI, no Brasil.

A Secretaria de Estado atendeu ao pedido. No Despacho DSI/995, o gabinete em Brasília mandou para Londres uma lista de nomes e fotografias de brasileiros procurados pelos órgãos de repressão.

Em resposta ao despacho, no dia 24 de outubro de 1969, o embaixador Corrêa da Costa enviou o ofício DSI/1134, secreto, ao ministro das Relações Exteriores, José de Magalhães Pinto. Na mensagem, escrita em papel timbrado da embaixada, o chanceler relata uma conversa que tivera com a polícia londrina sobre a chegada a Paris e a Londres de pessoas envolvidas no Brasil em atividades subversivas.

"Senhor ministro [...], informo Vossa Excelência de que estive pessoalmente com Sir John Waldron, chefe da Scotland Yard, com quem conversei largamente sobre o assunto, rogando-lhe que me auxiliasse a obter as informações pedidas."

No encontro com o *commissioner* da polícia, o embaixador entregara a lista de nomes e as fotografias dos brasileiros procurados pelo governo militar.

A Scotland Yard, segundo Sir John disse a Corrêa da Costa, podia colaborar em três situações. Uma, quando os estrangeiros fizessem pedidos de extensão do prazo inicial, de 90 dias, para permanência no país. Outra, ao protocolarem requerimentos de trabalho como imigrantes.

O terceiro caminho era recorrer a informantes nos grupos políticos locais que davam suporte aos esquerdistas latino-americanos.

Ao receber o material do embaixador, o chefe da Scotland Yard afirmou não ser possível identificar os brasileiros no momento em que chegavam ao país. A legislação facilitava a entrada de imigrantes e, devido ao grande fluxo de pessoas, não havia como reconhecer todos na hora do desembarque.

"Quando nos separamos, Sir John, com quem procurei manter relações pessoais desde minha chegada a este posto, reiterou que nada me podia prometer senão tentar ajudar-me, e que se o fizesse, as informações me seriam transmitidas em caráter pessoal."

A mensagem de Corrêa da Costa para o ministro ganhou o carimbo de "correspondência especial" nos arquivos da Secretaria de Estado.

Os contatos de colaboração continuaram nas semanas seguintes. A Secretaria de Estado recebeu outro telegrama secreto de Londres no dia 3 de novembro de 1969. A Scotland Yard ainda não passara informações sobre a possível entrada no país de Helena Khair ou de qualquer outro envolvido no sequestro de Elbrick.

Como pistas, Corrêa da Costa relatou que a esposa do adido naval vira em um magazine da cidade uma jovem que, acreditava, tratava-se de Helena. Um diplomata da embaixada, Francisco de Assis Grieco, também cruzara na rua com uma pessoa que poderia ser a brasileira procurada, mas não tinha certeza, pois não a conhecia pessoalmente.

O embaixador brasileiro avaliou como "improvável" a chance de Helena circular em Londres sem ser identificada.

"[A] Scotland Yard tem sob observação as organizações esquerdistas, especialmente as de inclinação guevarista e me informará sobre eventuais contatos de brasileiros", finalizou Corrêa da Costa.

❖

Em um telegrama expedido no dia 18 de novembro de 1969, o embaixador no Reino Unido comunicou ao gabinete do ministro ter conversado mais uma vez com o chefe de polícia. Sir John estivera na chancelaria para informar que as investigações feitas, até aquele momento, não haviam encontrado pistas dos sequestradores de Elbrick.

Apesar da negativa, o representante do Brasil em Londres mostrou-se satisfeito com o procedimento do policial inglês.

"Devo dizer que considero a vinda à chancelaria do chefe da Scotland Yard como sinal de que se dispôs efetivamente a prestar-nos sua colaboração no caso."

Um ano depois dessas conversas com a Scotland Yard, o bem relacionado Corrêa da Costa será acionado pelo embaixador Eiras para tentar solucionar um dos mistérios ligados a Paulo Dionísio.

A onda de sequestros e mortes de diplomatas estimula na imprensa e entre as autoridades do Brasil e da Holanda a suspeita de que a ocorrência de Haia também seja um atentado político. O sexagenário Eiras age com cautela, sem precipitar conclusões.

Para embaixadores, nesse tipo de situação, o ideal são as soluções rápidas e definitivas. Assim, evitam o prolongamento do desgaste de suas representações no exterior.

A exemplo de Eiras, os demais diplomatas brasileiros em Haia evitam fazer conjeturas em público sobre a causa da morte do colega.

10
Denúncias

Qualquer movimento contra o regime militar pode pôr fim ao sonho de uma carreira estável na diplomacia brasileira. No dia 10 de fevereiro de 1970, o segundo-secretário da Delegação Permanente do Brasil em Genebra, Miguel Darcy de Oliveira, recebeu ordens para se apresentar na sede do MRE – ainda no Rio de Janeiro, mas em processo de mudança para Brasília.

O diplomata atravessou o Oceano Atlântico e, três dias depois, foi preso ao se apresentar no Palácio do Itamaraty, no Rio.[9] Ficou encarcerado e incomunicável, durante 40 dias, no quartel do Exército, na rua Antero de Quental, no Leblon. O governo militar acusou Miguel Darcy de liderar uma campanha internacional de denúncias contra o Brasil.

Em Genebra, a jornalista Rosiska Darcy de Oliveira, mulher do segundo-secretário, passou por um interrogatório forçado de dez horas, conduzido por dois militares e por um diplomata, dentro da delegação brasileira junto à Organização das Nações Unidas (ONU).

Miguel Darcy pertencia a um grupo de jovens intelectuais reunidos em torno do jornalista Mário Pedrosa, veterano crítico de arte e militante trotskista. Como ação prática, essa turma assumiu a tarefa de disseminar no exterior relatórios sobre tortura enviados do Brasil.

Genebra ocupa lugar estratégico na divulgação de denúncias contra governos autoritários. A cidade suíça sedia organizações internacionais atuantes, como a Cruz Vermelha, a Comissão Internacional de Juristas e a Comissão de Direitos Humanos da ONU.

As causas da perseguição ao diplomata remontavam ao final do ano anterior. Em dezembro de 1969, Miguel Darcy e Rosiska receberam um dossiê com centenas de casos de tortura contra presos políticos. Encaminharam os documentos para a Cruz Vermelha e para a Anistia Internacional, em Londres.

---

9 Depoimento de Miguel Darcy de Oliveira para o Memorial da Anistia Política, março de 2012.

Libertado depois de 40 dias na cadeia, o diplomata respondeu a um Inquérito Policial Militar (IPM). Em maio de 1970, foi demitido do MRE pelo presidente Médici, com base no AI-5. Com a prisão decretada, Miguel Darcy saiu clandestinamente do Brasil e retornou a Genebra.

A Suíça concedeu, então, status de refugiados políticos a Miguel Darcy e Rosiska.

Em 1971, o dossiê divulgado por eles servirá de base para um procedimento contra o Brasil por violação sistemática dos direitos humanos na Comissão dos Direitos Humanos da ONU. O casal terá participação ativa na rede de resistência à ditadura e no apoio a exilados na Europa. Em 1978, serão absolvidos das acusações e, no ano seguinte, voltarão para o Brasil algumas semanas antes da aprovação da Lei da Anistia.

Depois da redemocratização, em 1986, o MRE reintegrará o diplomata. Miguel Darcy trabalhará no Palácio do Planalto durante o governo Fernando Henrique Cardoso e acompanhará o ex-presidente na Fundação iFHC.

Rosiska construirá sólida carreira como professora e escritora. Em junho de 2013, assumirá uma cadeira na Academia Brasileira de Letras (ABL).

11
Dom Helder Câmara

Em maio de 1970, o arcebispo de Olinda e Recife, Dom Helder Câmara, percorreu alguns países da Europa. No final do mês, chegou à Holanda. Por onde passou, o arcebispo deu entrevistas, fez conferências, lotou salas e auditórios para denunciar prisões e torturas no Brasil.

Sindicatos e organizações religiosas recepcionaram o líder católico. Os jornais holandeses abriram espaço para as ideias do brasileiro.

Comentários enaltecedores ao arcebispo feitos pelos periódicos perturbaram o governo. Diplomatas e militares lotados nos países percorridos por Dom Helder receberam ordens de Brasília para seguir seus movimentos e fazer relatos para a cúpula do Itamaraty. Paulo Dionísio reclamou em conversas com Maria Coeli das determinações que recebeu para coletar informações das entrevistas, reuniões e discursos do arcebispo.

Eiras escreveu sucessivos telegramas com relatos e recortes de jornais sobre o assunto. Uma dessas mensagens reproduz um discurso feito por Dom Helder em Utrecht, na Holanda, no final de maio de 1970: "Segundo as autoridades brasileiras, estou cometendo um crime contra o Estado, quando falo em torturas no Brasil. Para mim, porém, seria crime contra o povo brasileiro se eu me calasse. Se eu for por isso atirado à prisão, isso será a melhor propaganda para a causa que defendo."[10]

A pregação do arcebispo tinha plateia na Europa.

Protegidos pelo AI-5, os órgãos de repressão endureceram a perseguição aos adversários na virada da década. Em 1970, até julho, a ditadura matou 24 militantes políticos e guerrilheiros.[11]

O aparelho repressivo fizera o mesmo número de vítimas durante todo o ano de 1969. Em 1968, foram 13 casos.

Os números de vítimas dos governos militares serão consolidados, em dezembro de 2014, no relatório final da Comissão Nacional da Verdade (CNV), grupo instalado dois anos e meio antes pela presidente Dilma Rousseff para apurar graves violações dos direitos humanos. A CNV responsabilizará a ditadura por pelo menos 434 vítimas, entre mortos e desaparecidos listados no relatório. Acusará, também, o governo militar pelo extermínio de mais de 8 mil indígenas, sem individualizar os nomes.

---

10 "Helder Câmara em reunião em Utrecht – Falar sobre tortura é crime contra o Estado", texto produzido por apoiadores de Dom Helder Câmara na Holanda em maio de 1970, traduzido pela embaixada do Brasil em Haia.

11 *Dossiê ditadura – Mortos e desaparecidos políticos no Brasil (1964-1985)*, organizado pela Comissão de Familiares de Mortos e Desaparecidos Políticos, São Paulo, Imprensa Oficial do Estado de São Paulo e Instituto de Estudos sobre a Violência do Estado, 2009.

❖

Para justificar os assassinatos em sessões de tortura, os militares simulam tiroteios e inventam suicídios.

Alguns fatos tiveram repercussão internacional, como o caso do estudante e sindicalista Olavo Hansen, preso no dia 1º de maio de 1970, dentro de um táxi, ao sair de um ato político no estádio da Vila Maria Zélia, em São Paulo.

Militante do Partido Operário Revolucionário Trotskista (PORT), Hansen apareceu morto em São Paulo nove dias depois de apanhado por agentes do Departamento da Ordem Pública e Social (DOPS), a polícia política estadual. Na versão oficial, o militante suicidou-se com a ingestão de uma substância usada na fabricação de inseticida.

De imediato, companheiros de cadeia denunciaram as torturas sofridas durante vários dias pelo militante, reais causas de sua morte. Em junho, a Confederação Latino-Americana Sindical Cristã (CLASC) denunciou o crime na Comissão Interamericana de Direitos Humanos (CIDH). A Confederação Mundial do Trabalho (CMT) e a Federação Sindical Mundial (FSM) fizeram o mesmo junto à Organização Internacional do Trabalho (OIT).

Alinhado com os porões do regime, o Itamaraty assumirá a falsa versão do suicídio de Hansen. A ação da diplomacia brasileira na difusão da mentira ficará registrada nos arquivos oficiais.

12
Choro no banheiro

Quando Maria Coeli acorda, está cercada de pessoas conhecidas. Sente no ombro a mão do embaixador Eiras. O chefe de Paulo Dionísio tenta consolá-la.

A viúva pergunta o que aconteceu. O embaixador responde que Paulo bateu o carro na estrada para Utrecht. Transtornada, Maria Coeli vai ao banheiro, abre todas as torneiras e desaba em choro. Junta forças e, trêmula, volta para a sala.

"Quero vê-lo", pede a viúva, afirmativa.

Eiras resiste um pouco. Argumenta que pode não fazer bem à gestação. Maria Coeli pede para chamar um médico conhecido e consegue autorização para ir ao necrotério. Avista pelo vidro o corpo do marido, coberto com um lençol até o pescoço. "Como ele pode ter batido o carro se não tem ferimento no rosto?", pergunta a viúva.

"Pode ter sido o volante que entrou no peito", responde o embaixador.

Com essa reação, Eiras poupa Maria Coeli das especulações surgidas em torno da tragédia. As hipóteses de assassinato ou suicídio parecem mais traumáticas nessas circunstâncias. Aos 28 anos, a viúva tem uma filha de dois e outra criança prestes a nascer.

O infortúnio de perder o marido deu-se no momento em que a vida parecia particularmente generosa.

Paulo Dionísio e Maria Coeli chegaram à Holanda com a pequena Manoela em maio de 1969. No cargo de segundo-secretário, o diplomata assumiu a chefia do Setor de Promoção Comercial da embaixada de Haia.

Trabalhar nos Países Baixos era a primeira chance de ocupar um posto de relevância fora do Brasil. No *ranking* informal das embaixadas, a representação em Haia ocupa posição intermediária, alguns degraus abaixo, por exemplo, das cobiçadas missões diplomáticas em Paris, Roma ou Washington. Mesmo assim, o posto nos Países Baixos tinha alguns atrativos para Paulo Dionísio.

Raízes históricas unem Brasil e Holanda desde o período colonial. Em 1630, frotas financiadas pela Companhia Holandesa das Índias Ocidentais invadiram Pernambuco e, em sete anos de batalhas, ocuparam todo o Nordeste brasileiro.[12]

Recife tornou-se a capital da colônia holandesa no Brasil, governada pelo conde Maurício de Nassau, militar e príncipe holandês.

---

12 Boris Fausto, *História do Brasil*, 8. ed., São Paulo, Edusp/FDE, 2000.

Nassau permaneceu no poder de 1637 a 1644, período de efervescência da economia e da cultura pernambucana, com aumento da produção agrícola e obras de urbanização de Recife. O governador atraiu para a colônia artistas e naturalistas responsáveis por registros pioneiros sobre a vida na colônia.

Também se concentraram em Pernambuco os mais importantes focos de revolta contra a presença dos invasores. A retomada completa da região por Portugal – em aliança com fazendeiros de açúcar do Nordeste – completou-se em 1654, após quase uma década de guerra.

13
Haia

Do ponto de vista simbólico, Haia – ou Den Haag, em holandês – representa um marco importante para as relações exteriores brasileiras. A cidade sediou, em 1907, a Segunda Conferência da Paz, reunião definidora de princípios a serem adotados no futuro pela comunidade internacional.

Nesse encontro, o jurista brasileiro Rui Barbosa notabilizou-se por defender a igualdade entre as nações perante o Tribunal de Arbitragem – corte criada oito anos antes para mediar conflitos entre países.

A tese do brasileiro, vitoriosa, derrotou a proposta das grandes potências, que reivindicavam supremacia do grupo de países mais poderosos na tomada de decisões. A atuação destacada rendeu ao jurista a alcunha de "Águia de Haia". Com esse episódio, Rui Barbosa e a cidade dos Países Baixos ganharam destaque na História do Brasil.

Na prática, as conexões do passado quase nada interferem nas relações entre os dois países. Um raro momento de interação histórica deu-se um pouco antes da chegada de Paulo Dionísio a Haia. Em 1968, os holandeses apoiaram a realização da exposição *Os pintores de Maurício de Nassau*, montada no Museu de Arte Moderna (MAM), no Rio, entre maio e julho.

A mostra reuniu obras do Mauritshuis, museu de Haia instalado na antiga casa de Nassau, e de outros acervos europeus.

Erguida às margens do Mar do Norte, Den Haag concentra os principais órgãos jurídicos mundiais. Em 1945, a ONU instalou na cidade o Tribunal Internacional de Justiça, instância máxima nos conflitos internacionais.

O ambiente cosmopolita, a elegância do urbanismo e a qualidade de vida tornam Haia grandiosa. As ruas largas e tranquilas separam extensas áreas verdes. Ciclovias e calçadas atravessam parques e margeiam longas avenidas.

A arquitetura mistura estilos contemporâneos e antigos do Velho Mundo. Destacam-se, sobretudo, os charmosos palácios reais e outras construções de diferentes eras, desde o século XII.

A Embaixada do Brasil fica na rua Statenlaan, n° 6, uma esquina. Com paredes externas de tijolinhos amarelados, o prédio mantém o padrão típico das construções holandesas de meados do século XIX.

Para quem morava em Brasília, capital com menos de uma década de existência, os bairros históricos de Haia representam enorme contraste. As diferenças culturais e geográficas também aparecem quando se compara o modo de vida no litoral do Mar do Norte com as raízes de Paulo Dionísio e Maria Coeli em Minas Gerais.

14
Família mineira

Maria de Castro Drummond desliga a televisão no início do telejornal por falta de interesse no noticiário. Viúva do doutor José Matheus de Vasconcelos, Dona Baíca, como é conhecida, mora sozinha em um apartamento no bairro Santo Antônio, em Belo Horizonte, a capital mineira.

De repente, alguns parentes chegam sem avisar. Perguntam se ela estava assistindo à TV, ela responde que não. Os visitantes, então, constatam que Dona Baíca ainda não tomou conhecimento da morte do filho, noticiada pelo telejornal. Com cuidado, contam o que sabem sobre a morte de Paulo Dionísio.

Dona Baíca vive a dor de perder o filho mais velho pouco mais de dois anos depois de enterrar o marido,

❖

José Matheus acabara de concluir o curso de Medicina no Rio de Janeiro quando se tornou prefeito de São Domingos do Prata, em 1936. A cidade fica cerca de 150 quilômetros distante de Belo Horizonte. Prensada entre montanhas, está a pouco menos de 600 metros de altitude.

Vivia no lugarejo com a mulher e o primeiro filho, Paulo Dionísio.

Em 1937, com a instituição do Estado Novo, o regime ditatorial implantado pelo presidente Getúlio Vargas entre 1937 e 1945, o jovem médico seguiu na administração do município – como interventor.

Depois do fim do governo de exceção, José Matheus elegeu-se prefeito de São Domingos por duas vezes. Juntando-se todos os mandatos, ficou cerca de dez anos no cargo, tempo suficiente para consolidar sua liderança política na região.

Único médico nas redondezas por 12 anos, o pai de Paulo Dionísio também dirigiu o hospital de São Domingos do Prata e contou com a simpatia da população enquanto viveu. Viajava de Jeep léguas e léguas em estradas precárias, muitas vezes à noite, debaixo de chuva, para tratar de doentes e fazer partos.

Até o dia de sua morte, manteve influência suficiente para eleger um deputado para a Assembleia Legislativa de Minas Gerais.

Em 1968, José Matheus começou a apresentar sinais de cansaço no exercício da medicina. As longas jornadas tiraram o ânimo com a profissão. O ex-prefeito também se atormentava com a possibilidade de ter receitado um remédio errado para um parente que morrera sob seus cuidados.

As disputas políticas causavam desgaste e aborrecimentos. Os problemas financeiros provocados por um conterrâneo, de quem era avalista, transformaram-se em outra fonte de preocupação.

Amigos deram pouca importância ao fato de José Matheus ter sumido durante algumas semanas. No dia 28 de junho, o médico reapareceu no hospital de São Domingos do Prata. Sem explicar a razão, pediu a uma enfermeira que lhe aplicasse uma anestesia no lado esquerdo do peito.

O ex-prefeito saiu do hospital com um bisturi na mão. Observado por transeuntes, cravou o instrumento cirúrgico com força no coração. Morreu em poucos minutos.

Quando o farmacêutico Guido Motta chegou ao hospital, José Matheus encontrava-se estirado no jardim. Só então os amigos e familiares perceberam que o velho médico andara desaparecido por padecer de profunda depressão.

Maria Coeli estava prestes a dar à luz a primeira filha. Manoela nasceu quatro dias depois do gesto final do avô.

A notícia da morte do irmão pouco tempo depois do suicídio do pai abalou o deputado Paulino Cícero. Não dava para acreditar que nunca mais ouviria a risada generosa daquele grandalhão com mais de 1,90m.

Paulo Dionísio era um ano e um mês mais velho que Paulino Cícero, o segundo filho de José Matheus e Baíca. Os dois moraram juntos durante a maior parte da vida. Na infância, brincaram nas ruas e quintais de São Domingos. Estudaram nas mesmas escolas, viveram no mesmo internato.

Na juventude, foram colegas na Faculdade de Direito da Universidade Federal de Minas Gerais (UFMG), em Belo Horizonte. Nos últimos anos, com a mudança de Paulo Dionísio para Haia, os dois mantiveram o hábito de trocar correspondências.

Assim como o pai, o primogênito nasceu em Dionísio, um dos distritos de São Domingos do Prata. Tinha pouco mais de um ano quando José Matheus elegeu-se prefeito da cidade pela primeira vez. O nome composto, Paulo Dionísio, fez homenagem ao lugarejo.

Antes de assumir a prefeitura, depois de se formar médico no Rio, José Matheus voltara a morar em sua terra natal. Fundado em 1858, com o nome de São Sebastião do Dionísio, o povoado localiza-se em uma região serrana, originalmente coberta de densas matas.[13]

Paulino Cícero nasceu logo depois de a família mudar-se para a sede do município. Na sequência, chegaram os outros irmãos: Francisco, Maria do Carmo, Cristina, Marta, Antônio Carlos e José Maurício. O prestígio e o poder aquisitivo do médico renderam à família uma vida confortável.

As crianças cresceram em uma cidade de ruas tortuosas, de cascalho e terra batida. Uma única avenida acompanhava a geografia dos morros e as curvas do rio da Prata. Com telhados escurecidos pelo tempo, as casas e sobrados de estilo colonial exibem janelas e portas compridas de madeira.

As famílias católicas, como os Vasconcelos, professavam a fé na Igreja Matriz São Domingos de Gusmão. As quermesses beneficentes arrecadavam fundos para a paróquia e proporcionavam as melhores festas da cidade. Nessas ocasiões começavam as primeiras paqueras da geração de Paulo Dionísio.

Severo na educação dos filhos, José Matheus determinava a carreira da prole e exigia esforço nos estudos. O médico não aceitava fracassos e se zangava se a meninada incomodava outras pessoas.

Paulo Dionísio seguiu uma série à frente do irmão nos bancos escolares até o quarto ano primário – no sistema educacional adotado a partir de 2006, corresponde ao quinto ano do Ensino Fundamental. Quando terminou o período, ele passou por uma situação desconfortável para atender a uma determinação do pai.

Como em São Domingos do Prata não existia curso ginasial, onde se estudava do quinto ao oitavo ano – na época, dizia-se da primeira à quarta série ginasial –, as famílias que tinham condições financeiras mandavam os adolescentes e jovens para bons colégios em cidades maiores. Esse era o caso dos Vasconcelos.

---

13 Edelberto Augusto Gomes Lima, *São Domingos do Prata: fragmentos de sua história*, [S.l.], [s.n.], 2015.

Entre os centros mais procurados estavam Ouro Preto, Belo Horizonte e Rio de Janeiro.

Quando chegou a vez de Paulo Dionísio sair de São Domingos do Prata, José Matheus decidiu que ele deveria repetir o quarto ano para esperar por Paulino Cícero. Assim, o primogênito foi alcançado pelo irmão e os dois seguiram juntos para o internato no ano seguinte. Paulo Dionísio tinha 11 anos. Paulino Cícero, 10.

15
Expulso

Os dois meninos foram admitidos no Colégio Dom Bosco, instituição salesiana instalada em um prédio antigo de Cachoeira do Campo, distrito de Ouro Preto. Passavam férias e alguns feriados com a família.

Construído a partir de 1779, o prédio do Dom Bosco serviu de quartel e colônia agrícola antes de abrigar, em 1897, a instituição católica de ensino.

Quase duas décadas depois, em um diário escrito em Haia, Paulo Dionísio lembrará as regras restritivas estabelecidas no colégio interno pelos salesianos. No horário de recreio, os alunos eram proibidos de conversar dois a dois. Também não podiam andar com as mãos nos bolsos.

Havia, nas normas, certa conotação sexual. Nesse contexto, o primogênito de José Matheus sofreu severa punição da direção da escola.

O fato ocorreu na época da Semana Santa de 1951. Em plena adolescência, dentro do internato católico, Paulo Dionísio aventurou-se a escrever um poema erótico. A inspiração rendeu uma quadra, rascunhada em um papelucho:

> *"De minha terra as putas*
> *Florisbela[14] é a batuta*
> *Ela é boa pra caralho*
> *Com os homens joga baralho"*

---

14 O nome do personagem original do poema foi trocado pelo autor do livro.

Quando homenageou a prostituta, Paulo Dionísio ainda não "conhecia mulher", como se dizia na época sobre os rapazes virgens. Recorrera ao personagem apenas para atender a veia poética, justificava-se.

No mesmo pedaço de papel, o rapazinho escreveu um lembrete curto. Pretendia, mais tarde, tratar do assunto no diário que começara a produzir sobre a vida no colégio.

"O padre Mário, diretor e professor de Religião, lembrava-me certas horas, em certos gestos, um afeminado."

O papelucho sumiu. Cerca de duas semanas depois, uma voz acorda o rapazinho mais cedo do que de costume: "O senhor padre diretor o chama para ajudar na missa fora."

Eufórico, Paulo Dionísio imaginou-se merecedor de sair um pouco do ginásio fechado. No caso, para acompanhar o padre Mário em uma celebração externa.

Ao entrar na sacristia, o ar sisudo do diretor assustou o garoto. Os dois seguiram para o escritório. Quando se preparava para perguntar sobre a missa, o diretor fez um anúncio:

"Você está expulso."

"O que é isso, Seu Padre?", reagiu o estudante, atônito.

Padre Mário sentou-se à escrivaninha e ordenou que o aluno fizesse o mesmo.

"Você conhece esta letra?", indagou o diretor, enquanto estendia o papelucho.

Gelado, Paulo Dionísio sentiu o coração bater forte. Logo, percebeu que o diretor imaginava que o lembrete fosse um bilhete para alguém.

"Isso indica que você é má companhia, tem o coração perverso", afirmou padre Mário.

Sem conseguir explicar-se, o estudante argumentou que tinha direito a uma oportunidade. A resposta, repetida várias vezes, veio em latim: *Scripta manent.*

A expressão significa "a escrita permanece". No contexto, resumiu o provérbio *"Verba volant, scripta manent* [Palavras voam, mas permanecem quando escritas]".

Sem direito a controvérsia, Paulo Dionísio foi expulso do Dom Bosco.

Ele nunca terá certeza de como o papelucho foi parar nas mãos do padre Mário. Também nunca perderá a mania de escrever sobre o que vivia e pensava.

O ano letivo ainda estava no início e o Colégio Arquidiocesano de Ouro Preto aceitou receber o rapaz em seu corpo discente para concluir a quarta série.

Os dois filhos mais velhos do austero José Matheus terminaram o ginásio no final de 1951. Paulo Dionísio tinha 16 anos e foi escolhido orador da turma na cerimônia de formatura.

O tempo passado em Ouro Preto permitiu a reaproximação entre Paulo Dionísio e um amigo da infância em São Domingos, Guido Motta, filho de um conhecido professor, amigo de José Matheus. Na cidade histórica, os dois adolescentes passavam o tempo com brincadeiras, caminhadas pelas ruas de paralelepípedo e longas conversas, nas madrugadas frias, pelas escadarias das igrejas barrocas.

O mesmo Guido Motta foi, em 1968, uma das primeiras pessoas a ver José Matheus caído, morto, na frente do hospital.

Na época em que os dois conviveram na cidade histórica, Paulo Dionísio gostava de exibir conhecimento em latim, língua estudada nas escolas católicas. Demonstrava interesse por epistemologia e insistia com os amigos para que aprendessem a origem e o significado das palavras. Alto e esquálido, fazia o estilo gozador e sarcástico, embora não fosse muito falante. Por causa do porte agigantado, passou a ser chamado de Paulão pelos amigos.

Guido preservou na memória as produções teatrais organizadas pelo amigo na antiga capital mineira. Uma das peças montadas nessa época foi *O Auto da Compadecida*, de Ariano Suassuna. Nesse espetáculo, Paulo Dionísio atuou no papel de bispo.

Estudioso, Paulão revelava predileção por discussões sobre filosofia, tema constante nas instituições católicas por onde passou. Admirava Platão. Estimulava os mais novos a se empenharem na leitura dos clássicos. Isso acontecia tanto em Ouro Preto quanto em São Domingos, durante as férias.

As viagens entre as duas cidades demandavam um dia inteiro para os estudantes. Havia algumas opções de trajeto, todas com baldeações. Um dos percursos mais comuns começava com 20 quilômetros de jardineira, apelido dos ônibus com motor na frente, muito comuns no interior do Brasil nas décadas de 1940 e 1950. Os estudantes saltavam da jardineira em Nova Era, onde passava o trem Vitória-Minas. Seguiam nos trilhos até Belo Horizonte, trocavam de vagão e desciam em Ponte Nova. Tomavam, enfim, mais uma jardineira para chegar a Ouro Preto.

Nas temporadas em São Domingos, Paulão jogava futebol e paquerava as moças da cidade. Atuava de zagueiro, usava bastante a estatura. Herdou algum talento do pai. No Rio de Janeiro e em Belo Horizonte, José Matheus teve rápida passagem por times profissionais de futebol.

Com o acesso difícil, na década de 1950, São Domingos do Prata era uma cidade isolada nas montanhas, sem telefone nem televisão. Rapazes e moças encontravam-se nas igrejas, frequentada aos domingos por Paulo Dionísio. Nessas ocasiões, vestia paletós escuros e calça de brim cáqui.

Quando os filhos viam algum filme, no Cine São Domingos, José Matheus perguntava depois do que se tratava. Assim, vigiava as novidades consumidas pelos descendentes.

Os bailes mais animados aconteciam durante o Carnaval no Clube Atlético Prateano. Assim como boa parte da juventude urbana dessa época, Paulo Dionísio bebia cerveja, cachaça e cheirava lança-perfume, substância na época permitida no Brasil.

As paqueras estendiam-se ao longo do ano nos bailes dos clubes. As bandas, chamadas de conjuntos, misturavam *blues* com baião. Em uma delas, Guido tocava bateria e baixo.

Os namoricos respeitavam os limites impostos pelos pais. Nessas circunstâncias moralistas, pode-se dizer que Paulo Dionísio teve umas quatro namoradas.

Em casa, revelou-se zeloso com a formação das irmãs. Tomou a iniciativa, por exemplo, de conversar com elas sobre menstruação, assunto tratado como tabu nas famílias conservadoras.

Depois de concluir o científico no Arquidiocesano, Paulo Dionísio e Paulino Cícero foram para Belo Horizonte. Jovens do

interior, sem parentes na capital do estado, moraram alguns anos no Hotel Guarani, na rua de mesmo nome.
Paulo Dionísio conheceu Maria Coeli nessa época.

16
Obelisco

Belo Horizonte passou por um período de grande entusiasmo político e cultural na década de 1950. A ascensão do mineiro Juscelino Kubitschek, o JK, à Presidência da República valorizou a cidade e elevou a autoestima da população.

O país vivia os anos dourados, com governo democrático, industrialização e crescimento econômico.

Belo Horizonte foi construída no final do século XIX para sediar a capital do estado, condição até então ocupada por Ouro Preto. Projetada pelo engenheiro Aarão Carvalho Reis, a cidade notabiliza-se por largas avenidas, traçadas em diagonais na região central.

Nascida em uma família bem relacionada na elite mineira, Maria Coeli estudou em colégios tradicionais e desfrutou do conforto de uma vida de classe média em Belo Horizonte.

O pai, Manoel de Almeida, fez carreira na Polícia Militar de Minas Gerais. Pela corporação, participou de combates na Revolução de 1930. Dois anos depois, integrou as tropas que entraram no estado de São Paulo nos enfrentamentos da Revolução Constitucionalista de 1932.[15] Chegou à patente máxima, de coronel, e comandou a PM mineira durante dois anos.

Na mesma instituição, Almeida atuou na implantação de projetos de educação no estado. Nesse período, chamou atenção do então governador Juscelino e entrou para a política. Em 1954, elegeu-se deputado estadual pelo Partido Social Democrático (PSD), agremiação de JK.

---
15 Centro de Pesquisa e Documentação de História Contemporânea do Brasil (CPDOC), Fundação Getúlio Vargas.

Nascido em Diamantina, cidade histórica de Minas Gerais, JK governou o Brasil entre 1956 e 1961. Foi responsável por um dos períodos de maior desenvolvimento do país.

Em 1970, com os direitos políticos cassados pela ditadura, JK vive no Rio de Janeiro desde março de 1969, depois de duas temporadas no exílio, quando morou na França, nos Estados Unidos e em Portugal.[16]

Enquanto se defende de investigações patrocinadas pelos militares, Juscelino dedica-se à iniciativa privada. A perseguição sofrida deve-se em grande parte ao fato de que ele ainda desfruta de incontestável popularidade no Brasil.

Em uma eventual eleição direta, o ex-presidente teria muitas chances de retornar ao Palácio do Planalto. Nesse contexto, firma-se como um dos maiores inimigos dos militares.

Em 1957, no primeiro semestre, Maria Coeli e uma amiga do interior passeavam por volta do meio-dia pela Afonso Pena, uma das principais avenidas da cidade. Nessa área, concentrava-se o movimento em torno de casas comerciais e residências de classe média. As mocinhas passeavam, em geral, vestidas com variações de saias rodadas, blusas brancas e lenço na cabeça.

As garotas estavam em frente ao obelisco da Praça Sete de Setembro. De repente, as duas depararam-se com um grupo de universitários que caminhava na mesma calçada, em sentido contrário.

Os olhares de Maria Coeli e de um dos rapazes cruzaram-se com interesse. O moço chamou a atenção pela altura, em especial o jeito desengonçado de andar e as pernas compridas. Moreno, vistoso, trajava uma calça clara, provavelmente de linho, e uma camisa branca.

O estudante segurava um livro em uma das mãos e abriu um sorriso largo no rosto moreno. Aos olhos da adolescente, pareceu o ator francês Jean-Paul Belmondo.

O flerte aconteceu em poucos segundos. Os estudantes prosseguiram pela avenida em direção ao restaurante universitário, as

---

16 Claudio Bojunga, *JK – O artista do impossível*, Rio de Janeiro, Objetiva, 2001.

garotas ficaram paradas. A amiga acompanhou a cena. Maria Coeli deixou escapar um suspiro, seguido de um lamento.

"Nunca mais vou ver...", comentou, triste.

"Pode ver, sim, Maria Coeli. Vamos voltar aqui amanhã, no mesmo horário", sugeriu a menina do interior.

Assim fizeram. No dia seguinte, a mocinha de cabelos castanhos claros levou a amiga para passear de novo pela Afonso Pena. Em pouco tempo, elas viram as pernas compridas balançarem outra vez pela calçada. O estudante aproximou-se, o coração de Maria Coeli bateu mais forte.

"Quero falar com você", pediu o rapaz.

"Não posso, minha mãe não deixa."

"Como é seu nome?", insistiu o moço.

"Maria Coeli."

"O meu é Paulo Dionísio. Me dá seu telefone?"

"Não, imagina, não posso te dar meu telefone, eu não te conheço."

A amiga do interior, mais uma vez, demonstrou como se agia naquele tipo de situação.

"O telefone dela é 22612."

Paulo Dionísio ligou à noite. Conversaram. O estudante repetiu a chamada todos os dias a partir de então. No mesmo horário, sempre.

A mãe um dia pegou o telefone.

"Minha filha é uma criança e o senhor parece adulto."

"Muito prazer em conhecer a senhora. Eu compreendo suas preocupações, eu tenho irmãs."

A reação do rapaz quebrou a resistência de Dona Márcia. Maria Coeli, então, convidou-o para a festa de 15 anos.

Os Almeida moram em Belo Horizonte na rua Plombagina, em uma casa suficientemente grande para acomodar com conforto e segurança a numerosa família do deputado. O imóvel tem dois pavimentos e fachada branca de paredes arredondadas. O terreno espaçoso abriga jardim e quintal com pomar.

Márcia e Manoel de Almeida são casados desde 1941. O casal tem seis filhos: Maria Coeli, Cláudio Antônio, Fernando José, Maria Ângela, João Lincoln e Rita Heloísa. Ativa, a esposa participa dos projetos do marido, trabalha com educação e música.

Nas suas memórias, publicadas quase cinco décadas depois, a mãe de Maria Coeli recordará o tempo em que reunia os filhos na sala de dois ambientes para ouvir, na vitrola, uma coleção de clássicos em 78 rotações. Nesse ambiente com mobília estilo Maria Antonieta, as crianças conheceram Beethoven, Bach, Ravel, Pixinguinha, Lamartine e Ari Barroso.

Paulo Dionísio aceitou o convite de Maria Coeli, óbvio. Chegou para o aniversário vestido de terno, elegante. Logo que entrou na casa dos Almeida, antes mesmo de ser apresentado, o estudante manteve longa conversa sobre política com o pai da moça.

No mesmo dia, o rapaz dançou a valsa dos 15 anos com a aniversariante e pediu permissão para namorá-la. O deputado aceitou, mas estabeleceu algumas regras. Beijo, por exemplo, não podia.

O casal recebeu autorização para ficar na varanda, mas Márcia vigiava os movimentos da filha pelo reflexo da tela da televisão, que funcionava como espelho.

O deputado e Paulo Dionísio tornaram-se grandes amigos. Em pouco tempo, o namoro virou noivado.

Quando os dois rapazes estavam prestes a concluir o curso de Direito, em 1959, José Matheus chamou Paulino Cícero para uma conversa em São Domingos do Prata. Nesse encontro, o pai comunicou ao segundo filho que ele era o escolhido para continuar o projeto político da família.

Paulino Cícero assumiu a prefeitura de São Domingos do Prata, com os votos herdados do pai, antes mesmo de receber o anel de formatura.

Enquanto o irmão iniciava a carreira política, Paulo Dionísio aproximava-se mais da família de Maria Coeli. A beleza da moça da capital impressionava a sociedade de São Domingos do Prata. Quando visitava a cidade do interior, ela atraía curiosos interessados apenas em confirmar a formosura da escolhida de Paulo Dionísio.

❖

Manoel de Almeida elegeu-se deputado federal em 1959, menos de três anos depois de Juscelino tomar posse como presidente da República. Quando o pai de Maria Coeli assumiu o mandato, o Rio de Janeiro ainda era a capital do Brasil.

Em 1960, o deputado mineiro mudou-se com a família para Brasília, a nova sede do poder, erguida durante o governo de Juscelino. Foram morar na Super Quadra Sul (SQS) 206, onde passaram a conviver com políticos de grande projeção no país, como os deputados Ulysses Guimarães e José Sarney.

Na sua longa trajetória de político, Ulysses terá, no total, 11 mandatos de deputado federal por São Paulo. Entrará na História do Brasil como um dos mais destacados líderes da oposição contra a ditadura. No auge da carreira, presidirá a Assembleia Nacional Constituinte em 1987 e 1988. Sarney chegará a presidente da República e do Senado Federal depois de governar o Maranhão na segunda metade da década de 1960.

A mudança para Brasília afastou Maria Coeli, pela primeira vez, de Paulo Dionísio.

17
Guinada

Preterido por José Matheus na sucessão política, o primogênito voltou a morar em Ouro Preto, o município onde estudara em duas escolas na adolescência.

Na antiga capital de Minas Gerais, o jovem advogado chefiou o escritório de um órgão de previdência pública, o Instituto de Aposentadoria e Pensões dos Industriários (IAPI). Acumulou o posto com um escritório de advocacia particular, montado para atuar na área trabalhista.

Teve uma passagem rápida pelo Lloyd Brasileiro em Porto Alegre e, com a ajuda do futuro sogro, conseguiu uma vaga no IAPI de Brasília. Paulo Dionísio e Maria Coeli voltaram a viver na mesma cidade.

A ligação com a família da noiva estreitou-se nesse período. Alegre e bonachão, o rapaz entrosou-se bem com os cunhados. Um deles, Fernando José, guardará na memória a descontração que o futuro marido da irmã demonstrava mesmo diante de adversidades.

Para se locomover em Brasília, Paulo Dionísio comprou uma lambreta. Ele ainda pagava as prestações quando, em meados de 1962, a seleção brasileira de futebol, campeã na Copa do Chile, passou pela capital para festejar a vitória.

Nesse dia, ainda adolescente, Fernando José pediu a lambreta emprestada para acompanhar a festa dos jogadores pelas ruas da cidade. Na subida ao lado do Congresso Nacional, próxima ao Palácio do Planalto, o veículo de duas rodas chocou-se em velocidade com uma Vemaget estacionada no meio da pista.

O adolescente nada teve de grave, mas a lambreta ficou destruída. Apesar do prejuízo, Paulo Dionísio reagiu com bom humor quando alguém perguntou sobre o que acontecera com seu meio de transporte.

"Troquei por uma sanfona", respondeu, referindo-se ao fato de que a lambreta, de tão amassada, ficara semelhante ao instrumento musical.

Esse ambiente de harmonia foi desfeito em 1962, quando o casal brigou durante um baile de debutantes no Brasília Palace, o hotel mais badalado pela incipiente corte da nova capital. Paulo Dionísio e Maria Coeli romperam depois de cinco anos de namoro.

No período de separação, ele decidiu tentar a carreira diplomática. O esforço nos estudos foi recompensado com uma vaga no Instituto Rio Branco no início de 1964. Mudou-se, então, para o

Rio de Janeiro, sede da instituição responsável pela formação dos diplomatas brasileiros.

Criado em 1945, o Rio Branco firmou-se como academia de excelência na preparação e no aperfeiçoamento da elite do país para o exercício das relações internacionais. O advogado mineiro ingressou na corporação cerca de um mês antes do golpe de 1964. O instituto funcionava no quarto andar de um edifício de esquadrias douradas localizado atrás da Candelária. As instalações modestas limitavam-se praticamente a duas salas de aula – uma do primeiro e outra do segundo ano – e à diretoria.

Apesar dos temores provocados pelos militares no poder, o ambiente em geral era jovial e descontraído. A turma de Paulo Dionísio tinha 25 alunos.

A ruptura política de 1964 causou mudanças na orientação para as Relações Exteriores e, em particular, para os futuros diplomatas.[17] O MRE praticava a Política Externa Independente (PEI), estratégia formulada durante a década de 1950, adotada pelo governo Jânio Quadros, em 1961, e mantida pelo sucessor, João Goulart.

A PEI propugnava pelo relacionamento político e econômico do Brasil com os dois blocos da Guerra Fria. Apostava em uma agenda de desarmamento, defesa das relações com Cuba, apoio à descolonização de países africanos e expansão do mercado nos dois lados da Cortina de Ferro.

Em discurso feito aos formandos do Rio Branco em julho de 1964, o presidente Castelo Branco anunciou a ruptura com esse modelo. O Brasil, naquele momento, alinhou-se com a coalizão ocidental, liderada pelos Estados Unidos.

Castelo Branco seguiu a "teoria dos círculos concêntricos", elaborada pelo general Golbery do Couto e Silva, segundo a qual o país deveria vincular-se – prioritariamente, nessa ordem – à América Latina, ao continente americano e ao bloco capitalista.

---

17 Paulo Roberto de Almeida, "Do alinhamento recalcitrante à colaboração relutante: o Itamaraty em tempos de AI-5", em Oswaldo Munteal Filho, Adriano de Freixo e Jacqueline Ventapane Freitas (org.), *Tempo negro, temperatura sufocante: Estado e sociedade no Brasil do AI-5*, Rio de Janeiro, Ed. PUC-Rio/ Contraponto, 2008, p. 65-89.

Como ação prática decorrente dessa opção, o Brasil participou, em 1965, da invasão militar da República Dominicana, comandada pelos Estados Unidos.

A partir do governo Costa e Silva, segundo presidente da ditadura, o Itamaraty retomou alguns princípios da PEI. Com isso, reforçou laços econômicos e comerciais com países do bloco comunista. No campo político, continuou valendo a lógica da Guerra Fria. Os militares incorporaram na diplomacia as diretrizes decorrentes da Doutrina de Segurança Nacional. Em consequência da nova orientação, o MRE assumiu a luta contra o "inimigo interno".

A entrada no Itamaraty representou uma guinada na vida de Paulo Dionísio. A família não sabia de seus planos de seguir a carreira diplomática. Antes da separação, comentara sua intenção com Maria Coeli.

Entre os estudantes do Rio Branco, Paulo Dionísio mostrou-se um sujeito alegre, de hábitos simples, com estilo ainda meio caipira, característico do interior de Minas Gerais. Um dos colegas, José Viegas, guardou a imagem de um rapaz amável, saudável e direto no trato com as pessoas. A turma que entrou no Rio Branco no início de 1964 tomou posse no cargo de terceiro-secretário no dia 17 de fevereiro de 1966.[18]

Dois meses depois, no dia 18 de abril de 1966, o chefe da Divisão de Pessoal do MRE, Jorge A. de Seixas Corrêa, encaminhou a lista com os nomes dos novos diplomatas ao Serviço Militar do Ministério da Guerra. Os nomes das duas únicas mulheres da

---

18 Lista completa da turma: Adolfo Libert Westphalen, Carlos Augusto Rego Santos Neves, Eurico de Freitas, Paulo Fernando Telles Ribeiro, João Godinho de Barros, Gilberto Vergne Saboia, Ruy Antonio Neves Pinheiro de Vasconcellos, Aida Rodrigues Gomes, José Viegas Filho, Sergio Barbosa Serra, Sergio Caldas Mercader Abi-Sad, Clodoaldo Hugueney Filho, Jório Salgado Gama Filho, Rodrigo Menezes Amado, Paulo Dionísio de Vasconcelos, Jorge Saltarelli Junior, Eduardo Hermanny, Milton Torres da Silva, Antonio Carlos Lima de Noronha, Joaquim Luis Cardoso Palmeiro, João Gualberto Marques Porto Junior, Sergio Barcellos Telles, Jorge Clement Duvernoy, Wilma Vilela Guerra, João Paulo de Pimentel Brandão Sanchez

turma, Aida Rodrigues Gomes e Wilma Vilela Guerra, ficaram fora da relação por não haver, no Brasil, a exigência de trabalho feminino nas Forças Armadas.

Nos anos seguintes, Paulo Dionísio manteve estreito contato profissional e pessoal com colegas do tempo do Rio Branco. Depois de formado, ainda no Rio, serviu na Divisão de Comunicação e Arquivo (DCA). Conheceu nessa época a geração de diplomatas que representará o Brasil nas décadas seguintes. Entre eles, estava o futuro chanceler Celso Amorim, formado no Rio Branco em 1965.

Por causa da ditadura, naquele tempo, só se conversava em profundidade sobre política com amigos com quem se tivesse alguma intimidade. Esse não era o caso dos dois.

Mesmo sem maiores proximidades, no curto período em que conviveram, Amorim ficou com a impressão de que Paulo Dionísio era um brasileiro progressista. No contexto da época, isso significava, no mínimo, questionar o governo dos militares.

Celso Amorim terá nas décadas seguintes uma das mais notáveis carreiras do MRE. Representará o Brasil no Acordo Geral de Tarifas e Preços (GATT) e chefiará a Missão Permanente do Brasil na ONU. Chegará a chanceler por duas vezes, nos governos Itamar Franco e Luiz Inácio Lula da Silva. Comandará o Itamaraty, no total, por mais de dez anos.

No primeiro mandato de Dilma Rousseff, Amorim assumirá por três anos e meio o Ministério da Defesa.

O chefe da Divisão de Comunicação era o diplomata Mellilo Moreira de Mello, de quem Paulo Dionísio recebeu elogios formais por demonstrações de lealdade, dedicação e correção.

Depois do Rio de Janeiro, Moreira de Mello ocupará o posto de cônsul-geral do Brasil em Santiago, no Chile. Nesse período, terá atuação ostensiva na perseguição de exilados brasileiros, segundo relatório da Comissão Nacional da Verdade, de 2014.

Um despacho assinado no dia 18 de outubro de 1966 pelo secretário-geral do Itamaraty, Manoel Pio Corrêa, formalizou a remoção de Paulo Dionísio do Rio de Janeiro para a nova capital.

Nesse mesmo posto, o embaixador Pio Corrêa comandou a criação do Ciex, o serviço secreto do MRE. O cargo permitia controle sobre as transferências de diplomatas dentro e fora do Brasil. Na prática, nessa época, a pasta ainda funcionava no Rio. O novo prédio do Itamaraty, projetado por Oscar Niemayer, ainda não estava concluído em Brasília, na Esplanada dos Ministérios.

Poucos meses depois de retornar ao Planalto Central, Paulo Dionísio reencontrou-se com Maria Coeli.

18
Brasília

Em meados da década de 1960, a cidade em construção no meio do cerrado assustava os pioneiros que chegavam de todas as regiões do país. A poeira dos canteiros de obra formava redemoinhos constantes nas largas avenidas da capital.

Para muitos que viviam em grandes centros – principalmente no Rio de Janeiro, a antiga capital –, o cenário era desolador. As dificuldades reforçavam os argumentos dos críticos da transferência da capital para o centro do país.

Os Almeida viveram com determinação a dureza desses primeiros anos de Brasília. Aproveitaram, por outro lado, a agitação cultural em torno das ideias modernistas postas em prática na cidade.

Intelectuais brasileiros de renome circulavam pelo Planalto Central. O urbanista Lúcio Costa, o arquiteto Oscar Niemeyer, o paisagista Burle Marx e o artista plástico Athos Bulcão apresentavam suas obras ao mundo.

Em 1962, Maria Coeli entrou para Arquitetura na Universidade de Brasília (UnB), a instituição idealizada pelos criadores da nova capital – sob a liderança do antropólogo Darcy Ribeiro – para a produção e difusão do pensamento e das ciências.

Maria Coeli foi aluna dos mestres inventores da cidade. Fez, também, um curso de cinema com o crítico Paulo Emílio Salles Gomes e tomou gosto pela sétima arte.

O golpe de 1964 usurpou a democracia e mudou o destino da capital. Erguida no embalo de sonhos libertários, Brasília subitamente tornou-se território militar.

Os "milicos" adaptaram-se com facilidade à simetria do Plano Piloto e à imponência dos monumentos. Estabeleceram-se como força policial e implantaram o medo na população.

O poder fardado impôs-se com tanques na Esplanada dos Ministérios, ocupou os prédios desenhados por Niemeyer, espalhou-se pelas superquadras e áreas verdes projetadas por Lúcio Costa, invadiu a UnB sonhada por Darcy Ribeiro, prendeu e espancou estudantes e professores.

Das altas patentes aos menos graduados, agem como autoridades em qualquer ambiente. Desde o golpe, as insígnias das três Forças Armadas dominam as cerimônias oficiais e a vida social de Brasília. Nos clubes, nas escolas e nas festas de família, a presença cotidiana dos militares faz lembrar a cada instante quem manda no país.

Em janeiro de 1967, na nova capital, o jovem diplomata começou a trabalhar no gabinete do ministro Juracy Magalhães. Dois meses depois, Costa e Silva tomou posse como presidente da República, em substituição a Castelo Branco. Para o MRE, o novo ditador nomeou o ex-governador de Minas José de Magalhães Pinto.

As famílias de Paulo Dionísio e de Maria Coeli mantinham laços políticos com o novo ministro. Os deputados Paulino Cícero e Manoel de Almeida pertenciam à Arena, partido aliado do regime militar, comandado em Minas pelo ex-governador. Paulo Dionísio trabalhou no gabinete de Magalhães, em Brasília, entre março de 1967 e abril de 1969.

❖

Ainda no primeiro semestre de 1967, o novo diplomata e Maria Coeli reencontraram-se por acaso na UnB. Tiveram a ajuda involuntária de Ariano Suassuna, o dramaturgo encenado no passado pelo jovem mineiro.

Os dois ex-namorados viram-se frente a frente na saída do Auditório Dois Candangos, depois de assistirem a uma aula do escritor. Sorriram e se abraçaram. O papo estendeu-se para uma dança no Brasília Palace, o mesmo hotel onde brigaram cinco anos antes. Reataram o relacionamento e decidiram casar-se.

Nessa época, Almeida chamou Maria Coeli para acompanhá-lo em uma grande viagem internacional. O fato de ser filha de deputado rendeu uma jornada de sonhos à estudante mineira. O parlamentar tinha compromissos oficiais no exterior e aproveitou para conhecer um pouco mais o mundo.

Visitaram França, Grécia, Egito, Líbano, Índia e Jerusalém, a cidade disputada por israelenses e palestinos. Entraram em palácios, conversaram com reis e presidentes.

De passagem por Paris, estiveram com Dona Sarah e Juscelino Kubitschek. Embora pertencesse ao partido de apoio à ditadura, Almeida mantinha os laços de amizade com o ex-presidente.

O encontro estreitou a relação das duas famílias.[19] Ao volante de seu carro, Juscelino mostrou Paris para Almeida. Dona Sarah fez as honras da casa para Maria Coeli. A noiva, então, convidou o ilustre casal para padrinhos de casamento.

"Se o seu pai conseguir que eu entre em Brasília...", reagiu o ex-presidente.

---

19 Márcia de Sousa Almeida, *Semeando e colhendo*, Belo Horizonte, Editora Armazém de Ideias, 2005.

A cerimônia foi realizada na Igreja de Santo Antônio, na quadra 906 Sul, no dia 28 de setembro de 1967. A Catedral Metropolitana de Brasília ainda não estava pronta. O Quinteto de Cordas, formado por professores da UnB, apresentou-se para os convidados. Os militares não autorizaram a entrada de JK no Brasil. Dona Sarah representou os Kubitschek, acompanhada pelo deputado Carlos Murilo, do MDB mineiro, primo de Juscelino. Entre os padrinhos da noiva, estavam o deputado Tancredo Neves, do mesmo partido, o governador de Minas Gerais, Israel Pinheiro, engenheiro que comandou a construção de Brasília, e Gustavo Capanema, ex-ministro da Educação.

Da parte do noivo, além de parentes e amigos, destacava-se o chanceler Magalhães Pinto. Paulo Dionísio foi o primeiro diplomata a se casar em Brasília. Pouco tempo antes, passara pela capital o rei Olavo V, da Noruega. O Itamaraty sugeriu um buffet semelhante. Almeida e Márcia contrataram o *maître* Gagliardi, um serviço caro, mesmo para o padrão da família do deputado mineiro. Italiano de nascimento, Francisco Gagliardi, o dono do buffet, mudara-se para Brasília no início da construção da cidade. Tornou-se uma espécie de banqueteiro oficial do MRE desde a chegada dos primeiros diplomatas à nova capital. Contratá-lo era sinal de requinte e disponibilidade financeira.

Gagliardi manterá nas décadas seguintes o status de responsável preferencial por jantares e banquetes do Itamaraty. Caberá a ele, por exemplo, preparar a recepção para a posse do presidente Fernando Henrique Cardoso, para quase três mil pessoas, na noite de 1º de janeiro de 1995.[20]

Políticos, diplomatas e parentes lotaram a recepção no Solar dos Estados, ainda com esperança de que JK chegasse. Não apareceu. Juscelino só voltará a morar no Brasil em março de 1969.

---

20 Entrevista com Liana Sabo, repórter do jornal *Correio Braziliense*, março de 2017.

Com poucos anos de existência, a UnB sofreu o impacto da mudança de regime. Estudantes e professores aderiram à resistência contra a ditadura, o Exército invadiu a universidade para prender ativistas.

Militante da Ação Popular (AP), organização esquerdista de origem católica, um dos irmãos de Maria Coeli caiu preso em uma das investidas da repressão. Cláudio Antônio cursava Economia na UnB e, devido ao envolvimento com o movimento estudantil, respondeu a três IPMs.

Nesses processos, como advogado, Paulo Dionísio representou o estudante. Mais velho dos filhos homens de Almeida e Márcia, Cláudio Antônio era também o cunhado mais próximo de Paulo Dionísio em Brasília.

Os dois tinham afinidade, sobretudo política. Embora bastante ligado ao assunto, o diplomata nunca deu pistas ao cunhado de que pertencesse a qualquer grupo radical contra a ditadura. Compartilhavam, também, as mesas de fundo verde de um bar da Asa Sul para prolongadas partidas de sinuca.

19
Elizabeth II

O posto na cúpula do Itamaraty proporcionou a Paulo Dionísio missões importantes em Brasília. Em novembro de 1968, ele foi responsável por organizar a logística da visita da rainha Elizabeth II à capital. Nessa função, acompanhou a monarca nos deslocamentos pela cidade.

Como reconhecimento pelo serviço, o diplomata ganhou uma medalha da rainha. Recebeu a comenda de casaca, como exigia o protocolo. Com esses trajes e com a condecoração no peito, o diplomata compareceu a um coquetel na Embaixada dos Estados Unidos, onde se comemorava a eleição presidencial norte-americana.

Ao mesmo tempo, o ditador Arthur da Costa e Silva oferecia uma recepção a Elizabeth II no prédio do Itamaraty.

Paulo Dionísio gostava de contar um episódio engraçado ocorrido durante a passagem da rainha naqueles dias por Brasília. Na visita ao Jardim de Infância da Super Quadra Sul 308, em razão de um barulho insistente, Elizabeth II pediu que ele desligasse a "sirene".

"Não é possível, majestade", respondeu o diplomata.

"Não pode?! Por quê?", indagou a rainha.

"Não é uma sirene, majestade. São as cigarras que estão cantando."

De fato, nesta época do ano, quando começam as chuvas em Brasília, esses insetos espalham-se pelas áreas verdes da cidade. Na fase de reprodução, para atrair as fêmeas, os machos emitem o som estridente e característico que invade residências, lojas e repartições da capital.

Três dias depois, o diplomata mineiro voou para a Cidade da Guatemala, onde passou uma temporada de dois meses, em serviço provisório, até a chegada do ocupante permanente do posto. No país da América Central, teve como chefe o embaixador Miguel Paranhos do Rio Branco, neto do Barão do Rio Branco, o patrono da diplomacia brasileira.

Miguel do Rio Branco e Paulo Dionísio desenvolveram grande amizade nesse período. Tanto que o embaixador convidou o subordinado para ficar durante um mês em sua casa, onde vivia com a esposa, Elza, e uma filha. Depois da partida do hóspede, o embaixador escreveu uma carta ao chanceler.

"[...] o referido funcionário [Paulo Dionísio] deu provas de grande capacidade funcional, interessando-se por todos os assuntos [...] e desincumbiu-se de suas tarefas com presteza, tato e perfeição."

O embaixador acrescentou que o advogado mineiro, com seu modo de agir correto, conquistou rapidamente a simpatia dos colegas do corpo diplomático. No final, Rio Branco pediu que essa carta fizesse parte do maço pessoal de Paulo Dionísio. Assim foi feito.

Na burocracia do Itamaraty, a expressão "maço pessoal" aplica-se ao pacote de documentos relacionados à carreira dos diplomatas. Neles ficam registradas ocorrências como promoções, férias, remoções e punições.

Os dois meses na Guatemala serviram para a retomada de um costume várias vezes interrompido desde a adolescência: Paulo Dionísio voltou a escrever um diário.

Em dezembro de 1968, enquanto o diplomata mineiro servia na Guatemala, o governo militar baixou o AI-5. O pacote de leis autoritárias imposto pela ditadura permitiu que qualquer cidadão pudesse ser preso, em qualquer lugar, sem qualquer explicação. O poder do arbítrio renovou-se e autorizou a barbárie contra a sociedade. A partir de então, nem precisava militar em grupos clandestinos ou pegar em armas contra o governo para sentir o peso da ditadura. Quem criticasse o regime ou participasse de protesto ficaria sujeito aos rigores da repressão.

Com o AI-5, a "linha dura" ganhou respaldo para intensificar a caçada aos "inimigos internos", como se referiam aos opositores políticos no país. A tortura, o assassinato e o desaparecimento de corpos tornaram-se prática institucionalizada. O medo instalou-se por longo período no país. Em particular, na capital da República.

O marechal Costa e Silva e o chanceler Magalhães Pinto assinaram, no início de 1969, a promoção de oito diplomatas para o cargo de segundo-secretário. Entre eles estava Paulo Dionísio. A nova condição funcional habilitou-o a postular uma remoção para o exterior.

Como opção preferencial, candidatou-se a integrar a delegação em Genebra. Para cacifar-se, pediu apoio a Magalhães Pinto. O movimento político mostrou-se insuficiente. Para o lugar almejado, o Itamaraty indicou outro diplomata, colega de turma de Paulo Dionísio no Instituto Rio Branco.

Como alternativa, no primeiro momento, surgiu a possibilidade de servir em Milão, na Itália. O segundo-secretário, no entanto, preferiu aceitar a chefia de Promoção Comercial da embaixada na Holanda, no lugar do diplomata Luiz Rangel.

Maria Coeli, então, interrompeu o curso de Arquitetura na UnB para viver uma experiência europeia. Deixou também o trabalho de professora de alfabetização na Escola Classe 106 Sul. Inovadora, essa instituição de ensino adotou a metodologia do educador Anísio Teixeira, com associação entre aprendizado e experiência prática. A escola também incorporou o conceito de unidade de vizinhança, idealizado pelo urbanista Lúcio Costa, com ênfase na integração entre os moradores das quadras mais próximas.
Foi a segunda mudança importante para Maria Coeli em menos de uma década. Com a remoção para Haia, afastou-se um pouco mais de suas origens.

20
Tulipas

Na Holanda, os Vasconcelos puderam usufruir de um ambiente democrático. O país desfrutava plena liberdade de opinião e de manifestação.

O casal alugou em Haia uma casa mobiliada, próxima às dunas da praia, com um custo de 1.200 florins por mês – cerca de um quarto do salário de Paulo Dionísio.

Profissional de perfumes, o dono do imóvel fizera um jardim na frente da residência e deixara plantas e flores por toda parte. Maria Coeli começou a cultivar tulipas, as flores-símbolo da Holanda.

De dois pavimentos, a casa tem na parte de baixo a sala ampla, a cozinha pequena e o espaço usado como adega. Em cima, a televisão, os brinquedos, dois quartos conjugados – um para o casal e outro para Manoela – e um banheiro.

Uma lareira de pedra aquece o inverno holandês. Os móveis são dos anos 1950, estilo ponta de palito. O pequeno sofá, as duas cadeiras de braço e uma mesinha alta, onde Maria Coeli coloca flores, revelam discreto bom gosto do proprietário.

As paredes exibem gravuras do húngaro Victor Vasarely, da brasileira Anna Letycia e do holandês Karel Appel. Com grandes janelas, o imóvel permite boa visão da parte externa. Quando os Vasconcelos não saíam de carro, o Lancia ficava estacionado ao lado da casa.

A experiência de morar no exterior representou um desafio para o casal mineiro. O circuito diplomático internacional exigia adaptação e, para isso, Paulo Dionísio e Maria Coeli contaram com o apoio do conselheiro Amaury Banhos Porto de Oliveira e de Magnólia, sua mulher, a quem visitaram com frequência.

Segunda pessoa na hierarquia da embaixada, Porto de Oliveira dispunha de grande vivência no Itamaraty e orientava Paulo Dionísio sobre o trabalho em uma missão no exterior. Entrou para a instituição, aos 18 anos, em 1944.

No início da carreira, na década de 1950, Porto de Oliveira respondeu como testemunha a um processo administrativo aberto pelo Itamaraty contra servidores acusados de ligações com o Partido Comunista.

Nessa época, os comunistas ainda eram representados no país por uma única organização. Dividiu-se em 1962 nas siglas Partido Comunista Brasileiro (PCB) e Partido Comunista do Brasil (PCdoB).

Os outros diplomatas atingidos pela investigação foram o poeta João Cabral de Melo Neto, Antônio Houaiss, Paulo Cotrim Rodrigues Pereira e Jatir de Almeida Rodrigues.

O processo teve por motivação uma carta escrita por João Cabral para Paulo Cotrim, interceptada por um adversário político, Mário Calábria. O poeta inclinava-se à esquerda, Calábria alinhava-se com Carlos Lacerda, político da conservadora União Democrática Nacional (UDN), anticomunista e dono da *Tribuna da Imprensa*, jornal responsável por divulgar a carta que originou o processo.

Na versão mais corrente desse episódio, relata-se que, na correspondência, João Cabral convidou Cotrim a escrever, com pseudônimo, um artigo sobre a economia brasileira para uma revista do Partido Trabalhista inglês. O poeta servia em Londres e os adversários usaram a carta para acusar os diplomatas de ligações com grupos de esquerda na Europa.

Ao final, como punição, os cinco diplomatas ficaram em disponibilidade não remunerada. Na prática, foram desligados do Itamaraty. Mandados de segurança impetrados no Supremo Tribunal Federal (STF), em 1954, reintegraram os perseguidos.

A sobrevivência nos quadros do MRE, mesmo sob as pressões anticomunistas daqueles anos, deu ao conselheiro experiência suficiente para conviver com os tempos fechados da ditadura militar. O mineiro aprendia com o colega mais velho.

Em retribuição às boas-vindas, Paulo Dionísio e Maria Coeli ofereceram ao casal Porto de Oliveira o primeiro jantar que fizeram em Haia com os requintes cultuados no mundo diplomático.

Os laços de amizade estreitaram-se e se mantiveram mesmo com a remoção do conselheiro para o Cairo, poucos meses depois da chegada dos Vasconcelos a Haia. Paulo Dionísio deixou no colega a imagem de bom sujeito e funcionário aplicado.[21]

No lugar de Porto de Oliveira, como encarregado de Negócios – segundo posto na hierarquia da embaixada –, entrou o primeiro-secretário Oswaldo Biato.

O conforto dos Vasconcelos em Haia incluiu uma pessoa para ajudar na casa e nos cuidados com Manoela. De início, uma parente da família cumpriu esse papel. Depois, foi substituída por uma empregada portuguesa.

Desde o Brasil, Manoela fazia tratamento do problema ósseo congênito que lhe dificultava os movimentos das pernas. Na Europa, as consultas médicas e os exames confirmavam diagnósticos otimistas produzidos no Brasil. O aparelho inventado em

---

21 Entrevista por e-mail de Amaury Banhos Porto de Oliveira para o autor.

Brasília pelo médico Campos da Paz ajudava na regeneração do osso da perna.

As circunstâncias favoráveis proporcionaram uma temporada de intensa vida social e cultural. O casal encantou-se, de início, com os museus e artistas holandeses: uma exposição de Rembrant em Amsterdã; outra, de Mondrian, em Haia; e uma retrospectiva do espanhol Goya em exibição no país.

Também conheceram o Museu Kröller-Müller, localizado dentro de um parque e com esculturas ao ar livre.

Maria Coeli e Paulo Dionísio assistiram a concertos e balés, encontraram amigos brasileiros e construíram novas relações. Essa programação rica e diversificada compensava as chateações decorrentes do trabalho do diplomata.

Parte importante do tempo de Maria Coeli destinou-se a programas relacionados à embaixada. Nessa nova vida, determinadas situações causavam aborrecimento. Os ambientes formais, os jantares e as recepções muitas vezes ficavam maçantes. A falta de fluência em línguas estrangeiras também dificultava o entrosamento com pessoas de outros países.

A constante troca de cartas com amigos e, principalmente, familiares manteve o casal bem informado sobre o Brasil. Paulo Dionísio gravou mensagens em fitas cassete e enviou recados com a própria voz para os mais próximos.

Mesmo apoiados a distância pelos parentes e, em Haia, pelos colegas da embaixada, Maria Coeli e o marido tiveram dificuldades para assimilar a nova realidade. Longe das famílias, o casal tentou encontrar o próprio modo de vida, diferente da maneira tradicional dos Almeida e dos Vasconcelos.

Algumas vezes, Maria Coeli causou estranheza nos interlocutores com suas opiniões. Mostrava-se ingênua. Em uma ocasião, levou um cutucão do marido, por debaixo da mesa, porque afirmou ser contra a pena de morte. Os casais de diplomatas com quem jantavam eram a favor. Melhor não provocar. Divergências na maneira de agir levaram marido e mulher a brigas constantes. Os desentendimentos ficaram registrados no diário de Paulo Dionísio.

As anotações também deixaram pistas dos fatos que afligiam o segundo-secretário nos últimos meses de vida. Ele nem sempre dividia com Maria Coeli as angústias vividas e os segredos tratados na embaixada.

Em tempos de ditadura, prevalece um clima de desconfiança entre funcionários públicos. Em particular, nas relações entre diplomatas. As perseguições políticas levam as pessoas a temer o que fazem e falam. Essas circunstâncias contaminam a convivência de colegas. O diário mostra exemplos desse medo.

Desde que chegou a Haia, o segundo-secretário demonstrou interesse em aprender flamenco, a língua local. Com esse objetivo, teve aulas com uma vizinha chamada Louline, professora particular. Também fez curso do idioma em um instituto social e frequentou um laboratório linguístico.

Poucos diplomatas que, até então, passaram pelo país preocuparam-se com o aprendizado da língua oficial holandesa.

21
Criptografia

As salas do embaixador Eiras e do encarregado de Negócios Oswaldo Biato ficam no primeiro andar, ao lado da área administrativa e do compartimento reservado à comunicação e à cifração de documentos. Michael Neele e Paulo Dionísio ocupam o terceiro piso. O sótão abriga o arquivo e objetos fora de uso.

As embaixadas e consulados do Brasil em todo o mundo designam, formalmente, um de seus diplomatas para cuidar da criptografia. Para executar a tarefa, as unidades diplomáticas recebem máquinas apropriadas e códigos específicos. A Secretaria de Estado centraliza o controle dessa atividade.

Paulo Dionísio fizera um estágio em práticas de criptografia quando ainda trabalhava no Rio de Janeiro. Na Holanda, desde o dia 16 de outubro de 1969, o segundo-secretário tornou-se encarregado do serviço sigiloso. Os documentos secretos produzidos e recebidos pela representação brasileira eram codificados ou decodificados pelo diplomata mineiro.

Por acumular as tarefas típicas do posto com as atividades relacionadas à criptografia, o segundo-secretário reclamava da sobrecarga de trabalho. O volume de papéis oficiais e recortes de jornais pedidos por Brasília, sempre com urgência, tornava a rotina cansativa.

Muitas vezes ficava na embaixada até de madrugada para codificar calhamaços de papéis reivindicados pela Secretaria de Estado. Tornou-se rotina, nessas remessas, municiar a DSI com material produzido pela imprensa europeia sobre os perseguidos políticos brasileiros.

Entre as tarefas desempenhadas pelo segundo-secretário, a que mais prazer lhe dava era a produção do *Brazilian Trade News*, um boletim sobre comércio exterior, escrito em inglês, patrocinado pela embaixada. O *BT News* divulgava artigos e dados sobre importação e exportação, voltados para o setor empresarial.

Paulo Dionísio organizava as edições e escrevia alguns dos artigos publicados. Na chefia de Promoção Comercial, recebia e encaminhava pleitos de empresários brasileiros e holandeses.

Um episódio singular faz parte da memória da embaixada. Funcionário local com longo período de serviços prestados, Marcel Pedro de Hoo, holandês, trabalha na representação brasileira desde 1931. Cordato e formal, esmera-se em demonstrações explícitas de zelo com os afazeres. Entre outras tarefas, cuida do atendimento na portaria e resolve problemas dos diplomatas na cidade.

A maior contribuição de Hoo para os brasileiros deu-se na Segunda Guerra Mundial. Durante a invasão alemã, o funcionário escondeu na própria casa dois livros pertencentes ao patrimônio sigiloso da embaixada.[22] Um continha códigos para cifrar documentos. O outro, para decifrar.

Se as tropas de Hitler descobrissem que ele protegia os livros secretos, dizia o holandês, corria o risco de ser fuzilado.

Três décadas depois de salvos pelo funcionário, os livros permanecem em uso na embaixada de Haia. Testemunha de quatro décadas da representação brasileira, De Hoo recebe US$ 570,00 por mês e é o mais bem pago dos cinco auxiliares locais.

O holandês morrerá sem receber do governo brasileiro algum reconhecimento pelo seu gesto de coragem.

22
Honra ao marechal

Costa e Silva morreu no dia 17 de dezembro de 1969, pouco mais de três meses e meio depois de sofrer o derrame cerebral que o afastou da Presidência da República.

No dia 30 de dezembro, a pedido da embaixada em Haia, uma igreja holandesa celebrou missa em honra ao ditador falecido. Diplomatas brasileiros e de outros países, acompanhados das esposas, prestaram homenagens ao ex-presidente do governo ditatorial.

O protocolo da cerimônia religiosa exigiu uso de fraque pelos homens convidados. Paulo Dionísio não tinha o traje apropriado, vestiu um terno escuro. Para não desrespeitar o cerimonial, ficou

---

22 O autor obteve informações sobre De Hoo de três fontes: entrevista por e-mail com o embaixador Brian Michael Neele, diário de Paulo Dionísio Vasconcelos e na Folha de Controle da embaixada.

no fundo da igreja, ao lado de Maria Coeli e do assistente técnico, Ivo Barroso.

Da igreja, as pessoas mais próximas da embaixada seguiram para a rua Statenlaan. Na sede da representação brasileira, houve comemoração pelo aniversário de Ivo Barroso. Em menos de uma hora, os convidados deixaram o luto pelo ex-ditador para festejar mais um ano de vida do amigo.

O exercício da diplomacia exige preparo psicológico para rápidas adaptações a diferentes ambientes.

23
Arenque defumado

Apesar dos aborrecimentos nos últimos meses de vida, Paulo Dionísio desfrutou com intensidade do conforto proporcionado pelo posto em Haia. Desde que chegou à Holanda, o diplomata mineiro acostumou-se a ler, aos domingos, revistas e jornais europeus e, também, publicações recebidas do Brasil, como o semanário *Pasquim*. Nesses dias, ficava com a família e gostava de escrever cartas para amigos e parentes.

Também nos fins de semana, o segundo-secretário jogava futebol em um tradicional time amador da cidade, o HVV-9. Indicado por um amigo, conseguiu vaga depois de passar por entrevista e exame médico.

O primeiro inverno dos Vasconcelos na Holanda foi rigoroso. Maria Coeli ficou entediada com tanto frio. Manoela se divertiu na neve, com o pai.

"Vem, Maria Coeli", chamou Paulo Dionísio, sorrindo.

"Não, não. No ano que vem eu vou", respondeu a esposa, tiritando.

Em pouco mais de um ano em Haia, o casal recebeu amigos do Brasil com frequência. Comiam, bebiam, conversavam e ouviam música. Maria Coeli oferecia jantares, passeava com os visitantes, conhecia novos lugares, fazia compras. Os Vasconcelos adquiriram obras de arte, em especial pinturas.

Um dia Maria Coeli acompanhava outras mulheres de diplomatas em uma caminhada por lojas de Amsterdã. Enquanto as amigas compravam xícaras, ela se interessou por um baú de madeira montado com tábuas encaixadas, sem pregos. O vendedor disse que se tratava de uma peça do século XVI.

Maria Coeli adquiriu o baú. Imaginou que seria útil ao longo da vida, para acumular objetos dos diferentes países onde moraria ao lado de Paulo Dionísio. Foi o único móvel comprado na Holanda.

Dos desejos ainda não realizados, faltava conhecer a Mauritshuis, casa construída no século XVII para ser residência de Maurício de Nassau. Luxuoso e requintado, o prédio de arquitetura classicista foi transformado em museu, em 1822, com um dos mais ricos acervos de pintores holandeses do país.

Na Holanda, os brasileiros tiveram de mudar o conceito de praia. Em vez de areias brancas, coqueiros e água morna, características dos trópicos, os Países Baixos oferecem mar cinza, barrento e frio. O sol aparece, no máximo, durante 50 dias no ano.

O vento, constante, nasce nas estepes russas. Chega forte e gelado na costa europeia, sem nenhuma cadeia de montanha como anteparo. A areia revolvida pelo ar em movimento choca-se, cortante, até a altura do joelho dos banhistas.

Apesar do clima, os passeios pela orla alegravam a família. De frente para o mar, os Vasconcelos sentavam-se protegidos do vento por pequenas barracas. Comiam batata frita com maionese nos bares próximos às dunas. Paulo Dionísio deliciava-se com pedaços de arenque defumado.

Os jantares nas casas dos colegas às vezes ajudavam a matar a saudade da comida brasileira. As feijoadas faziam sucesso. Esses encontros também proporcionavam trocas de experiências musicais e descontraídas rodas de violão. Bebia-se vinho, uísque e cerveja. O ambiente de confraternização vivido com os amigos em Haia propiciava momentos de prazer para o diplomata mineiro. O diário preservou as boas lembranças.

Nos fins de semana, a família costumava entrar no Lancia para percorrer a Holanda. Em uma dessas oportunidades, os três esticaram até a Bélgica, onde encontraram um diplomata, amigo de Paulo Dionísio, que servia no país.

Os Vasconcelos também viajaram de avião, com frequência, para outros países. Estiveram várias vezes em Paris, onde Paulo Dionísio gostava de comer ostras, e em Londres.

Aficionado por futebol, o diplomata acompanhava campeonatos europeus pela televisão. Gostava de discutir as táticas dos jogos. Anotava as impressões esportivas no diário e em cartas para os irmãos.

Paulo Dionísio quis ver os jogos da Copa do México em Portugal com a intenção de torcer para a seleção ao lado de brasileiros. Ao escapar da Holanda, o diplomata também pretendeu relaxar um pouco das tensões vividas na embaixada.

Voltaram para a Holanda no final de junho. No dia 2 de julho, comemoraram o aniversário de dois anos de Manoela com um passeio pelas dunas e, depois, jantaram em um restaurante local.

24
Perícia

Homens engravatados e policiais de uniforme cercam o Lancia. Peritos e legistas vasculham o automóvel por dentro e por fora. Como mostra a capa deste livro, eles tiram impressões digitais, olham o chão, debaixo do piso e nos arredores. Entram no bosque, examinam a ciclovia, o gramado e a pista de carros.

Uma mancha escura de sangue destaca-se na camisa da vítima. Dá a impressão de que, talvez, encubra um buraco. Van Diemen corta o pedaço da peça com a marca suspeita e guarda para eventual solicitação da Justiça. O retalho passará por um exame específico.

As buscas feitas no veículo e nas imediações duram cerca de três horas. Não encontram qualquer arma ou objeto capaz de provocar os ferimentos que levaram à morte de Paulo Dionísio. Sem uma prova assim, contundente, a hipótese de suicídio torna-se remota. Se o diplomata tirou a própria vida, deveria estar com a arma. A quantidade de sangue torna improvável a possibilidade de morte natural. As primeiras especulações chegam às redações de alguns jornais brasileiros.

25
No plenário

O deputado Manoel de Almeida encontra-se no plenário da Câmara, em Brasília, quando recebe a notícia de que seu genro morreu na Holanda. Chamado ao Itamaraty, recebe orientações sobre os procedimentos burocráticos previstos no protocolo internacional. A filha Maria Ângela trabalha desde abril na assessoria de imprensa do MRE, lotada no gabinete do chanceler.

O parlamentar e a esposa, Márcia, tomam um avião para o Rio de Janeiro no final da tarde. Quando o casal chega ao aeroporto Santos Dumont, um jornalista pergunta sobre a possibilidade de suicídio.

"Meu genro era um homem feliz. Adorava minha filha e a profissão", declara o deputado.

Almeida e Márcia têm pela frente a dolorosa tarefa de buscar a filha, agora viúva, e a neta, Manoela, de volta para o Brasil. Sabem que encontrarão Maria Coeli destroçada pela perda do marido. No primeiro momento, não conseguem voos disponíveis. Só no dia seguinte saem do Rio.

A Secretaria de Estado do Itamaraty envia um telegrama urgentíssimo para a Embaixada do Brasil em Paris. Em linguagem formal, roga o envio de um diplomata ao aeroporto da capital francesa para fazer companhia ao casal na manhã de quinta-feira, dia 6. O deputado e a esposa viajam no voo 092 da Air France. Em Paris, pegam o voo 912, da mesma companhia. Chegam à tarde em Amsterdã. Logo, Manoel de Almeida e Márcia estão em Haia, com a filha.

26
Ameaça de bomba

Na lista de contratempos vividos por Paulo Dionísio, inclui-se algum receio quanto à segurança física. No dia 2 de abril de 1970, um telefonema anônimo causou apreensão ao afirmar que uma bomba fora colocada na Embaixada do Brasil.

A voz expressou-se em inglês, com sotaque indefinido.

Assim que a secretária da chancelaria ouviu a ameaça de bomba, Eiras comunicou imediatamente ao Ministério de Negócios Estrangeiros da Holanda. Nas palavras do embaixador, poderia tratar-se de brincadeira de mau gosto. A situação, porém, recomendava averiguações.

Sem demora, o governo holandês providenciou a visita de três investigadores da polícia à residência do embaixador, que fica em Wassenaar, município vizinho. Outro grupo atendeu à chancelaria, em Haia. Fizeram buscas completas nos dois edifícios. Nada encontraram.

A pedido de Eiras, um carro pernoitou com dois agentes em frente à residência oficial. Apesar dessa deferência no primeiro momento, a regalia não se repetiu nas noites seguintes. Conforme um chefe de polícia explicou, não havia pessoal suficiente para manter guarda permanente na representação brasileira.

Embora não tenha atendido ao pedido, a polícia adotou nos dias seguintes a rotina de passar de carro, de hora em hora, no jardim da residência do embaixador. Eiras solicitou que a mesma prática fosse adotada na chancelaria.

27
Segurança

Em telegrama "secreto-urgentíssimo" enviado no dia 7 de abril à Secretaria de Estado do Itamaraty, o embaixador considerou insuficientes as medidas adotadas em relação à ameaça de bomba. Lembrou que as preocupações com segurança eram recorrentes, tratadas em outras mensagens de Haia para Brasília nos últimos dois anos.

O tarimbado embaixador apelou por orientações superiores sobre como resolver, de forma permanente, a vulnerabilidade das instalações brasileiras nos Países Baixos. Recorreu, ainda, diretamente ao ministro de Negócios Estrangeiros em busca de uma solução adequada para a segurança da representação brasileira.

Em virtude dessa solicitação, Eiras recebeu a visita do chefe de polícia e do prefeito de Wassenaar. Na impossibilidade de manter uma viatura na porta da casa, as duas autoridades recomendaram a instalação de um alarme.

A mesma medida, sugeriram, deveria ser tomada em relação à sede da representação brasileira, onde trabalhava Paulo Dionísio.

28
Manifestações

Ainda na primeira quinzena de abril, chegou à redação do jornal holandês *Trouw* uma carta com a informação de que manifestantes preparavam-se para protestar em frente à embaixada contra a tortura de presos políticos no Brasil. A correspondência tinha a assinatura da seção holandesa do Comitê Latino-Americano de Sindicatos Cristãos.

Estudantes da Universidade Livre de Amsterdã aderiram à organização do ato. Anunciaram a distribuição de cartazes com os nomes de vítimas de torturas e documentos com informações sobre os abusos cometidos pela ditadura, recebidos clandestinamente do Brasil.

A manifestação aconteceu no dia 23 de abril. Teve poucas dezenas de participantes e não provocou qualquer transtorno.

No início de junho, jovens ativistas católicos deixaram na caixa de correio da embaixada um documento contra a tortura e o assassinato de sindicalistas, descritos no texto como "brasileiros que lutam para melhorar as condições miseráveis de vida de seus compatriotas".

Em conversa com Eiras, o prefeito de Haia revelou que nos últimos anos algumas embaixadas instaladas na cidade sofreram seguidas tentativas de violência. Embora a segurança das representações estrangeiras fosse responsabilidade do governo local, reconheceu o administrador, não havia recursos disponíveis para executar a tarefa.

Assim, resta à embaixada brasileira a alternativa de pagar por segurança privada ou qualquer outro sistema de defesa. Contrariado, Eiras se dirige, outra vez, ao chefe do Protocolo do Ministério dos Negócios Estrangeiros para reiterar a cobrança por medidas de segurança. Nada lhe foi prometido.

Na onda de más notícias sobre o Brasil, também circulam na Europa rumores sobre genocídio de populações indígenas, patrocinado pelo governo militar. A imagem da ditadura deteriora-se.

29
Contrapropaganda

O governo brasileiro resolveu reagir com mais agressividade para enfrentar a escalada das manifestações no exterior. A principal iniciativa partiu de um grupo de parlamentares da base de apoio dos militares.

Em meados do ano, o Congresso começou a preparar a participação do Brasil na 58ª Conferência da União Interparlamentar (UIP), marcada para novembro, em Haia. A UIP é uma organização criada em 1889 por parlamentos de Estados soberanos. O Legislativo brasileiro integra a instituição.

Presidida pelo senador Manoel Villaça, da Arena do Rio Grande do Norte, a delegação de congressistas decidiu fazer da reunião um instrumento de contrapropaganda do governo militar.[23] Com o apoio do chanceler, Mario Gibson Barbosa, o grupo procurou Médici e obteve apoio integral para a empreitada.

A carta branca do general ditador permitiu à delegação presidida pelo senador Villaça percorrer todos os ministérios, Forças Armadas, estatais, as principais autarquias, alguns governos estaduais, universidades e grandes empresas. Nesses órgãos, os parlamentares pediram material para ser exibido na conferência em Haia.

Mais de 200 acordos de colaboração foram acertados nessas visitas. Todos os órgãos comprometeram-se a juntar informações favoráveis, dados oficiais positivos e produtos representativos do país para apresentar na 58ª Conferência da União Interparlamentar.

Na preparação para a conferência da União Interparlamentar, a delegação brasileira decidiu redigir um pronunciamento conjunto sobre a situação do Brasil. Para elaborar o documento, Manoel Villaça nomeou comissão presidida pelo senador Filinto Müller, presidente nacional da Arena e conhecido por comandar a repressão política na ditadura de Getúlio Vargas, nas décadas de 1930 e 1940.

O deputado Flávio Marcílio, da Arena do Ceará, foi escolhido para relatar o texto final. Um dos principais nomes da base de apoio do governo militar no Congresso nas décadas de 1970 e 1980, ele presidirá a Câmara três vezes nesse período.

A comitiva terá integrantes da base da Arena e do Movimento Democrático Brasileiro (MDB), o partido de oposição à ditadura. Empresas privadas patrocinam parte das despesas com a promoção do governo militar.

---

23 Discurso do senador Manoel Villaça (Arena-RN), publicado no Diário do Congresso Nacional no dia 23 de outubro de 1970.

30
Pressionado

O diplomata mineiro reclamava, nos últimos meses, das pressões que recebia do Itamaraty para acompanhar os movimentos do arcebispo de Olinda e Recife, Dom Helder Câmara, nas viagens pela Europa.

Dom Helder tornara-se um dos personagens mais atuantes nas denúncias dos crimes da ditadura, como tortura e morte de adversários políticos. Paulo Dionísio resistia a colaborar no monitoramento do "bispo vermelho", conforme determinado pela área de informações por meio dos canais internos de comunicação.

Naqueles dias, ele também andava atribulado com a participação brasileira, sob sua responsabilidade, na Feira de Outono de Utrecht, cidade vizinha a Haia. Era certamente um desafio para o segundo-secretário, mas nada suficiente para fazer uma pessoa perder o equilíbrio emocional.

A maior contrariedade do diplomata mineiro nos últimos tempos estava relacionada a uma cobrança interna feita pelo MRE. Quando saiu de Brasília, Paulo Dionísio alugou o apartamento que tinha na cidade para uma pessoa conhecida. No imóvel, ficou uma linha telefônica do ministério.

Depois de algum tempo, o Itamaraty passou a exigir explicações sobre uma conta gerada pelo inquilino e indevidamente paga com dinheiro público. A burocracia do ministério, repetidas vezes, não aceitou as ponderações. O segundo-secretário não sabia mais como agir nesse caso.

31
A torre de Roterdã

No início de julho, depois de duas semanas de férias em Portugal, os Vasconcelos passaram um domingo em Roterdã. Menos de 20 quilômetros separam Haia da cidade portuária.

Conheceram o zoológico da cidade. Manoela encantou-se com os bichos. Nesse dia, subiram o Euromast, torre com mais de 100 metros de altura, ·com a melhor vista do litoral. Contemplaram com admiração o Porto de Roterdã, um dos maiores do mundo. Um capricho tecnológico encantou o trio: o elevador, com paredes de vidro, girava enquanto subia e descia. Provocou uma sensação semelhante a uma volta de roda-gigante – só que a uma altura de 50 metros. Maria Coeli sentiu um pouco de medo quando a filha aproximou-se do vidro, inocentemente, para ver melhor a paisagem.

No fim do domingo, um jantar no restaurante da torre encerrou a programação em Roterdã. No passeio, Paulo Dionísio achou tudo bonito.

O segundo-secretário aproveitou uma rápida viagem de trabalho a Utrecht, poucos dias depois, para visitar pontos turísticos da cidade. Esteve na Catedral de St. Martin, do século XIV, entrou no claustro e subiu na torre. Viu, ainda, a casa construída no século XVI para o papa Adriano VI, nascido na cidade.

Do ponto de vista da arquitetura, Utrecht foi a cidade holandesa que mais agradou Paulo Dionísio. Ele apreciou, particularmente, a variação de estilos das construções.

32
Comprimidos

O diplomata mineiro teve um rompante de impaciência alguns dias antes de morrer. Paulo Dionísio esquecera-se de postar no correio uma carta da embaixada. No dia seguinte, mostrou-se descontrolado com a falha cometida e pediu que Maria Coeli o acompanhasse para protocolar a correspondência.

No caminho, de repente, pediu com veemência que ela dirigisse o carro. Alegou cansaço. Esse comportamento não era normal para o segundo-secretário.

A excitação de Paulo Dionísio chegou a tal ponto que ele aceitou ir a um médico na companhia de Maria Coeli. Diante do quadro do paciente, o doutor receitou comprimidos. Calmante leve.

33
Procedimentos

A.W. Rosingh ordena o translado do carro e do corpo do diplomata para o escritório central da polícia. Antes de determinar as remoções, o procurador do rei consulta as autoridades dos dois governos presentes no local.

Pela Holanda, apresenta-se o secretário-geral adjunto do Ministério dos Negócios Estrangeiros, M. W. J. G. Gevers. Eiras assente em nome da embaixada brasileira.

O corpo segue para a sala de autópsia assim que chega ao escritório policial, na Borneostraat. O inspetor em chefe C. de Vries acompanha a transferência. Às 20h, o médico-legista Dr. J. Zeldenrust, do Ministério da Justiça em Haia, assume o comando da necropsia.

A equipe do inspetor Van Diemen reúne os documentos encontrados no Lancia e os disponibiliza para o inspetor A. F. M. de Graaf, do Escritório de Investigação Central.

Logo depois de autorizar a remoção do corpo, o embaixador brasileiro acompanha o chefe do Protocolo até a sede do Ministério dos Negócios Estrangeiros. Na ocasião, as duas autoridades acertam as providências a serem adotadas em relação ao caso.

A embaixada em Haia começa a receber, um pouco antes da morte de Paulo Dionísio, as demandas do governo para a participação do Brasil na conferência da UIP. Os trabalhos solicitados sobrecarregam diplomatas e funcionários com a redação de ofícios e contatos com instituições locais.

Em Brasília, a comitiva ufanista acumula forças para organizar a ação ofensiva na Holanda. Sob o comando do senador Villaça, a força-tarefa mobiliza funcionários do governo e do Congresso na preparação da bagagem. Os serviços secretos militares participam do esforço conjunto.

Quatorze documentos de promoção do governo são traduzidos para inglês e francês. Servidores da gráfica do Senado trabalham dia e noite e nos fins de semana para imprimir folhetos e fotografias.

Em julho, funcionários do Itamaraty e da Câmara começam a fazer a triagem do material enviado pelos ministérios, governos estaduais e empresas. A carga é levada em aviões da Varig até Paris, de onde segue em remessas para a Holanda. No total, quase cinco toneladas de material são transportadas. A Câmara e o Senado abrem os cofres para pagar as despesas com logística.

A ditadura arma-se para enfrentar a opinião pública internacional.

A embaixada em Londres municiou a Secretaria de Estado com informes sobre os 40 presos libertados em junho de 1970 em Argel, capital da Argélia. Eles foram banidos em troca da soltura do embaixador alemão no Brasil, Ehrenfried Anton Theodor Ludwig von Holleben, mantido em cativeiro durante cinco dias.

No dia 14 de julho de 1970, Corrêa da Costa transmitiu, por meio de um telegrama secreto, notícia veiculada pelo *The Times*. O jornal londrino publicara que os "terroristas" brasileiros planejavam deslocar-se da Argélia para a Europa. Pretendiam fazer conferências com denúncias contra a "tortura policial e a repressão da ditadura brasileira".

"Irei ter contatos informais [...] de alto nível no Foreign Office e na Scotland Yard com [o] objetivo [de] evitar entrada na Inglaterra desses elementos", escreveu Corrêa da Costa, no telegrama.

Duas semanas depois, no dia 28, coube ao ministro conselheiro Francisco de Assis Grieco, subordinado de Corrêa da Costa, atualizar a Secretaria de Estado em relação aos "terroristas". O diplomata brasileiro recebera uma carta "pessoal e confidencial" do chefe da Scotland Yard.

Sir John informou nessa correspondência que anotara o alerta recebido da embaixada sobre a possibilidade de deslocamento de exilados brasileiros para o Reino Unido.

Até aquele momento, a polícia de Londres não dispunha de informações sobre o assunto. A Scotland Yard também continuava sem pistas de Helena Khair, procurada por ajudar no sequestro do embaixador do Estados Unidos.

34
Diário

Paulo Dionísio retomou no dia 22 de setembro de 1969, em Haia, a prática de fazer relatos regulares e detalhados de sua rotina. Escrevera diários em algumas fases da vida. Razões distintas o levaram a interromper as anotações. Na última vez, deixou o hábito depois que Maria Coeli guardou, sem revelar onde, os escritos produzidos durante a temporada na Guatemala.

Na Holanda, o diplomata manuscreveu quatro cadernos – três de brochura, capa dura, e um de espiral. Em letra miúda, preencheu cada linha com notável capricho. Quase sempre, usou caneta de tinta azul.

Pouco rasurado, o texto revela a produção de uma pessoa acostumada com as palavras, sem preguiça de se expressar no papel. Ocupa as páginas de alto a baixo, com marcação das datas. Trata de assuntos pessoais, familiares e profissionais.

O diplomata começou os apontamentos em um caderno de capa azul-marinho. Preencheu as 100 folhas dos dois lados.

Antes de fazer os primeiros registros sobre a vida na Holanda, Paulo Dionísio lembrou-se de "funestas consequências" sofridas no tempo de colégio pelos escritos pessoais. Essa é, provavelmente, uma referência implícita à expulsão do colégio salesiano, na pré-adolescência.

Em tempos de ditadura, a obsessão pela vigilância sobre as embaixadas brasileiras vai muito além da proibição de um ingênuo poema juvenil. A dedurage tem consequências mais graves.

Logo nas anotações iniciais, no dia 22 de setembro, Paulo Dionísio mostrou-se incomodado com as opiniões do adido naval em Paris, Ezio Seize, expressas durante um jantar na noite anterior. Trata-se do mesmo "comandante" que, em janeiro, interrogara a oficial de chancelaria Henny Schendel sobre uma suposta rede de subversivos. O militar continua baseado na França, com jurisdição sobre Holanda e Bélgica.

"O comandante parece meio quadrado, além de ser linha dura e anti-Juscelino [...]", escreveu Paulo Dionísio sobre Seize. "[...] elogiou muito o almirante Rademaker [...]. Deve conhecer bem lá o regulamento [da Marinha] e a importância das ordens dadas, porém sem muita autonomia de pensamento."

O almirante Augusto Rademaker integrava naquele momento a junta militar que governava o Brasil desde 31 de agosto de 1969. O triunvirato formado por Rademaker, pelo general Aurélio de Lira Tavares e pelo brigadeiro Márcio de Sousa Melo ocupou a Presidência da República no lugar do marechal Arthur da Costa e Silva, afastado por problemas de saúde.

Em Haia, uma das primeiras tarefas do segundo-secretário foi organizar a visita de uma comitiva de empresários pernambucanos à Holanda.

O diplomata angustiou-se com a desorganização dos brasileiros, principalmente por não terem enviado referências básicas para o agendamento de reuniões com investidores holandeses.

Como os empresários estiveram antes no Reino Unido, Paulo Dionísio buscou informações sobre eles, por telefone, com os colegas Marcos Azambuja e Celso Amorim. Ambos serviam em Londres e deram suporte para os pernambucanos na passagem pela Inglaterra. Soube nesses contatos que os empresários não falavam inglês e precisariam de tradutores.

Marcos Azambuja galgará sólida carreira diplomática. Ocupará o posto de embaixador em Paris, Buenos Aires e chegará a secretário-geral do MRE no governo Fernando Henrique Cardoso.

O amadorismo dos empresários pernambucanos foi apenas o primeiro dissabor de uma sequência de fatos desagradáveis ocorridos com Paulo Dionísio na embaixada em Haia.

No futebol, pelo menos, havia motivos para comemoração. A coleção Mil Construtores do Século XX, publicada como suplemento do semanário britânico *Sunday Times*, incluiu um verbete para o jogador Pelé.

"Terminou a série como único brasileiro a figurar na lista", registrou Paulo Dionísio, no dia 26 de setembro de 1969. Isso se deu antes de Pelé comandar o tricampeonato da seleção brasileira, no México, em 1970.

O Brasil tinha poucos exemplos a dar ao mundo.

O bom momento do país dentro das quatro linhas serviu de mote para acaloradas conversas sobre o esporte com brasileiros, holandeses e diplomatas estrangeiros. Paulo Dionísio empolgava-se com as discussões.

Nas páginas do diário, o diplomata deixou comentários com análises táticas aprofundadas sobre jogos dos campeonatos europeus. Foi a paixão pelo futebol que o levou a procurar o time amador HVV-9.

Depois de prolongado processo de admissão, conseguiu uma vaga e passou a disputar partidas com regularidade. Como nos tempos das peladas em São Domingos do Prata, quando era chamado de Paulão, jogou na posição de zagueiro, mas também de ala e até no ataque.

Na Holanda, país caracterizado pela estatura elevada da população, o diplomata grandalhão nem parecia tão alto.

Disciplinado, Paulo Dionísio escreveu o diário quase sempre durante as madrugadas, às vezes até as 4h, com os fatos ainda recentes na memória. O método propiciou registros detalhados e contextualizados dos últimos meses de vida. Muitas vezes estimulado por garrafas de vinho – ou uísque – consumidas nos jantares, construiu uma narrativa generosa em atualidades e opiniões sobre assuntos variados.

Os encontros noturnos em volta de mesas fartas renderam aos Vasconcelos conversas animadas com diplomatas brasileiros e estrangeiros, famílias locais e amigos de passagem pela Holanda.

O casal frequentava restaurantes e também cozinhava em casa. Maria Coeli esmerava-se no preparo dos jantares. Os convivas mais frequentes dos Vasconcelos eram os casais Michael Neele e Jeannette, Ivo Barroso e Sílvia e Oswaldo Biato e Néia. Eiras também aparecia na Zwanenlaan para apreciar os pratos brasileiros.

Encarregado de Negócios, Biato substituíra Amaury Banhos Porto como segundo diplomata na hierarquia da embaixada.

Barroso pertencia aos quadros do Banco do Brasil. Cedido ao Itamaraty, ocupava o posto de assistente técnico da embaixada em Haia. Ele e Paulo Dionísio conversavam habitualmente sobre assuntos do trabalho e literatura. Mais de uma vez, comentaram obras do escritor e cartunista Ziraldo, conhecido do diplomata dos tempos de universidade em Belo Horizonte.

Falaram do livro infantil *Flicts*, sobre uma cor que não existia na Terra, e de *Jeremias, o bom*, personagem justo e atencioso, quase ingênuo, usado por Ziraldo para críticas sutis à ditadura militar.

A companhia dos amigos da embaixada foi constante em shows, concertos, espetáculos de ópera, balés. Juntos, iam ao cinema e faziam compras. Os Biato eram menos afeitos a festas.

Certa madrugada, depois de um jantar em Amsterdã, Paulo Dionísio e Maria Coeli pararam o carro perto de um grupo de pessoas para pedir informações sobre a saída para Haia. Dois homens se aproximaram de mãos dadas. Com cortesia, ensinaram a rota.

"Aí reparei os outros: todos pederastas. Agradeci e achei o caminho."

Casais homossexuais, homens, beijavam-se na rua.

Ao narrar esse episódio, o diplomata mostrou-se curioso por saber se a liberalidade em Amsterdã manifestava-se também durante o dia, à vista de todos. Ou apenas nas madrugadas, quando não havia movimento na cidade.

As páginas do diário descrevem brigas com Maria Coeli nos primeiros meses em Haia. A esposa comportava-se como integrante da "TFM (Tradicional Família Mineira)", "mimada", acostumada a ter os desejos satisfeitos, afirmou. Paulo Dionísio também reclamou de crises de ciúme Algumas vezes, irritado, o diplomata apelou para palavrões.

Longe das raízes mineiras, o segundo-secretário muitas vezes deixou-se levar pela nostalgia. Amenizou a saudade com cartas e telefonemas feitos em profusão para a família no Brasil. Recebia notícias quase todos os dias.

Uma conversa de 25 minutos pelo telefone, no dia 16 de novembro, com a mãe e com os irmãos provocou grande alegria no diplomata.

"Para mim foi a melhor festa, a melhor reunião, o melhor bate-papo, a maior alegria que encontrei depois que saí do Brasil", anotou.

A satisfação custou 270 florins.

De tanto usar o correio diplomático para o envio e recebimentos de envelopes volumosos, o segundo-secretário sofreu uma reprimenda de Biato, seu superior na hierarquia.

22 de novembro de 1969
"Tenho pensado ultimamente em dar um aspecto menos factual a este diário. Tenho pensado em fazer algo de substância, analítico", refletiu Paulo Dionísio.

Os registros, até então, foram um simples relatório de atividades, constatou. Embora não tivesse pretensões literárias duradouras, dava para produzir um texto que fosse além da descrição da agenda do dia.

"[...] sendo essas notas para meu governo próprio e exclusivo manuseio, devem encerrar alguma coisa mais do que têm sido."

Ainda em novembro de 1969, o segundo-secretário desfrutou de uma prazerosa noite na Holanda. Um jantar com brasileiros teve comida "soberba" e vinho *rosé*. Ouviram, primeiro, Villa-Lobos e Bach. Depois, dançaram ao som de "Aquele abraço", de Gilberto Gil.

Os Vasconcelos voltaram para casa pouco antes das cinco da manhã. Antes de dormir, o segundo-secretário escreveu três páginas com relatos dos fatos do dia e da noite. Terminou com uma citação inspirada em Hamlet, de Shakespeare:

"Viver, morrer, talvez sonhar..."

Outra noite Paulo Dionísio ouviu música clássica e leu até tarde poesias de Carlos Drummond de Andrade.

"[...] tanta beleza [...] leva-me a pensar na inutilidade de minha vida. Preciso de [sic] realizar algo grande. Grande e belo. Algo que valha a minha vida."

Em seguida, demonstra preocupação com Manoela.

"Tenho uma filha – minha grande obra até o momento."

Manoela um dia irá embora e terá seus próprios feitos, raciocina.

"Até agora nada realizei. Que posso fazer: teatro, diplomacia, arte, política? Sinto-me irrealizado."

❖

Nessa época, tornaram-se evidentes os sinais de melhora na saúde da filha. Médicos holandeses previram a correção gradual do problema ósseo. O pai comemorou cada passo da recuperação.

Um dia, Paulo Dionísio observou o comportamento de Manoela durante a apresentação, na TV, de um grupo de dança clássica. Ao ouvir o *Concerto de Brandenburgo nº 2*, de Bach, a menina prendeu a atenção no vídeo.

"Magnetizada".

A reação da filha, chamada carinhosamente de Macaquinha, inspirou uma reflexão:

"Pude [...] verificar que som e forma, música e artes plásticas têm ressonância na caixa de percussão daquela coisinha [Manoela]."

Na fase adulta, a filha mais velha revelará o acerto das previsões do pai. Demonstrará talento artístico e terá a vida envolvida com música.

As alegrias em família contribuíram para o casal atravessar crises conjugais. No dia 23 de novembro de 1969, Paulo Dionísio expôs seu sentimento em relação à esposa.

"[...] aceito-a como companheira por decisão que tomei, sabendo dos meus riscos, das minhas limitações, de meus defeitos, de minha pequenez. Mas porque a considero a mulher da minha vida, quero-a comigo."

A grande novidade para os Vasconcelos chegou no dia 8 de dezembro, registrada nas duas últimas páginas do caderno nº 1 do diário.

"[...] Maria Coeli contou-me que está grávida. Precisamos verificar isso com exame [...]."

"[...] Quero muitos filhos; mas não quero filhos excessivamente dependentes. Nem filhos servis nem filhos pamonhas, que é o grande perigo desse tipo de educação."

De novo, o diplomata alfinetou o modo como, segundo sua avaliação, a família de Maria Coeli educava as crianças e os jovens.

O caderno nº 2 tem capa e contracapa amarelas e 80 páginas, redigidas dos dois lados. Começou a ser preenchido no dia 9 de dezembro de 1969.

Por gostar de deitar-se e levantar-se tarde, quase todos os dias o segundo-secretário chegava à embaixada para trabalhar no final da manhã. Em razão desse comportamento, ele ouviu mais uma reclamação de Biato.

Maria Coeli venceu a resistência de Paulo Dionísio e comprou um casaco de pele e um chapéu. O marido reclamou do preço total, US$ 920,00, "pancada violenta". Ela ficou feliz.

Nas anotações deste mês, o diplomata mencionou sua ascendência africana, comentada durante conversa com a professora de holandês. Um bisavô paterno, explicou, fora escravo. Libertado, tornara-se escrivão.

❖

No casamento religioso de uma vizinha holandesa, Paulo Dionísio viveu mais um momento de lembranças. Um organista e um coro executaram, na igreja, músicas que ouvia no tempo de internato em Cachoeira do Campo.

"Levitei."

Poucos dias depois, o casal viajou de trem para Paris. Manoela ficou em Haia com Rosa, a empregada portuguesa.

Os Vasconcelos hospedaram-se na casa do amigo Jório Gama Filho. O anfitrião cursara o Instituto Rio Branco junto com Paulo Dionísio.

A agenda cultural tomou os quatro dias na capital francesa. Maria Coeli viu-se prejudicada por uma forte gripe, mesmo assim acompanhou o marido em quase toda a programação.

Um concerto de órgão na Catedral de Notre-Dame levou a imaginação do diplomata, outra vez, para o passado. O cheiro de batina e de sacristia reproduziu o aroma dos rituais católicos no interior de Minas Gerais.

Em Paris, Paulo Dionísio e Maria Coeli assistiram ao musical *Hair* no Teatro Porta de Saint-Martin. Foram, também, a uma peça de Jean-Paul Sartre, *Le diable et le Bon Dieu* (O diabo e o

Bom Deus). Visitaram, ainda, uma exposição do surrealista Marc Chagall, pintor e ceramista russo.

Com tantas atrações a explorar, o diplomata deixou de fazer no diário um registro importante sobre o Brasil. O ex-presidente Arthur da Costa e Silva morreu no dia 17 de dezembro de 1969, menos de quatro meses depois de deixar o Planalto em decorrência de um derrame cerebral.

Na manhã do dia 18, o casal Vasconcelos tomou o trem de volta para Haia.

O diplomata despertou de mau humor depois da primeira noite dormida em casa.

"Sempre que acordo estou azedo. Maria Coeli leva as sobras do meu azedume", anotou.

Nesses dias, os preparativos para as festas de fim de ano chatearam Paulo Dionísio.

"[…] abomino Natal, acho uma grandessíssima frescura, festinha – presentinho – Paizinho Noelzinho – ai, meu saco!"

Maria Coeli defendeu a importância das tradições natalinas na formação de Manoela. Ao reclamar da confraternização, disse, o marido só repetia os comentários do pai, José Matheus.

Apesar da resistência, o segundo-secretário comemorou o Natal com pessoas da embaixada na noite do dia 24 e no almoço do dia 25. O mesmo repetiu-se nos dias seguintes, quando participou de confraternizações pelo seu aniversário e pela passagem do ano.

Novas reflexões sobre os objetivos do diário atiçaram a mente do diplomata. Desde que retomou o hábito de registrar suas impressões nos cadernos, Paulo Dionísio alimentou a ideia de fazer dessa prática um trabalho duradouro. Um projeto que compensasse "o vazio da vida diplomática. Algo "sério, amadurecido".

A dificuldade em se concentrar no ato de escrever, no entanto, atrapalhava a construção da obra. Na maior parte das vezes, conseguia tempo para escrever nas noites e nas madrugadas. Mesmo nessas horas, era interrompido por questões domésticas e observações de Maria Coeli.

No dia 6 de janeiro de 1970, fez referência ao amigo brasileiro, diplomata, recém-transferido para a Bélgica.

"Perguntou-me se tenho ido a Bruxelas, disse-lhe que fui uma vez, mas que, de agora em diante, tenho motivos para ir mais frequentemente. Quando sobrar tempo, virá também aqui."

O amigo de Bruxelas está na carreira diplomática há mais tempo, sabe contornar situações difíceis. No início da década de 1960, conseguiu transferência para uma função nas Nações Unidas sem o conhecimento do então chanceler, San Tiago Dantas. Isso se deu durante o governo João Goulart, o presidente deposto pelo golpe militar.

Dantas soube da remoção pelo Diário Oficial. Paulo Dionísio usou a expressão "chave de galão" para definir a esperteza do amigo ao conseguir a nomeação à revelia do ministro. Em consequência da manobra, o amigo encontrava-se desprestigiado em Bruxelas. No "gelo".

Esse tipo de comentário feito pelo diplomata mineiro é um bom exemplo das disputas internas nos diferentes escalões do Itamaraty, dentro e fora do Brasil. Na ditadura, as arestas comuns em qualquer repartição tomam proporções mais graves. Preferências políticas, traições pessoais, inveja e maldades motivam perseguições implacáveis.

Por não possuir fraque, o secundo-secretário perdeu a chance de atender nessa época a dois convites importantes, ambos oficiais. Um do ministro dos Negócios Estrangeiros, Joseph Luns. Outro da rainha Juliana, que recebeu o Corpo Diplomático nos Países Baixos.

O comandante Seize deslocou-se de Paris até Haia para o encontro com a monarca, com dois dias de antecedência.

"Não me interessa a festa da Rainha [...], mas gostaria de ir à recepção do ministro Luns", registrou Paulo Dionísio.

Maria Coeli lamentou o descaso do marido com o convite protocolar feito por Juliana.

Nessa época, o diplomata fez algumas considerações sobre o casamento e a paternidade. Ser pai exige "um pouco das virtudes da fortaleza", definiu. Antes de se casar pensava em ter mais de dez filhos. As diferenças com Maria Coeli em relação ao modo de criar a prole, porém, o desanimavam quanto a compor uma família numerosa.

Os conflitos do casal sobre variados assuntos ficaram evidentes no diário. Maria Coeli reivindicava mais carinho do marido, achava que ele imitava o comportamento de José Matheus.

"[...] [ela diz] que faço tudo para ser igual a meu pai. [...] Considero que meu pai é um exemplo para mim no que toca à determinação, humildade, simplicidade, sentido da justiça, [...] alto senso de autocrítica", registrou o diplomata no dia 20 de janeiro de 1970.

Ambos demonstravam ciúmes conjugais, segundo o diário. Ela, com mais frequência e veemência.

A esposa achava, ainda, que Paulo Dionísio bebia demais, especialmente nos jantares com os colegas da embaixada. Por carta, Dona Baíca também pedia que o filho mais velho evitasse exageros com o álcool.

Paulo Dionísio reclamava da demora da esposa no aprendizado de línguas. Ele aprimorava o inglês e o francês, ao mesmo tempo que evoluía no estudo do holandês.

Um canal de TV mostrou na Holanda, no dia 8 de janeiro de 1970, uma entrevista que Dom Helder Câmara deu para um jornalista alemão. O segundo secretário reparou no jeito macio do arcebispo ao falar sobre as "estruturas sociais" da América Latina. O líder católico previu a interferência dos Estados Unidos em qualquer "movimento de libertação" no continente.

No dia 29 de janeiro de 1970, o segundo-secretário mencionou que assistira no dia anterior a outro programa de televisão sobre o Brasil. Ativistas denunciaram torturas e apontaram problemas na economia do país. Um dos entrevistados foi um estudante alemão. "[...] falando sobre torturas físicas violentas perpetradas pela polícia do Brasil, cujo governo [...] esmaga qualquer tentativa honesta de oposição [...]", anotou o diplomata.

Outro entrevistado foi, novamente, o arcebispo de Olinda e Recife. Em francês.

"[Dom Helder] disse que prega a paz pela justiça e a compreensão entre os homens de boa vontade [...] a violência gera a violência e nada resolve", registrou.

Um dia depois da entrevista, Paulo Dionísio comentou com Ivo Barroso as críticas ao Brasil que vira na TV. Nas semanas seguintes, o fato de ter assistido a esse programa vai transformar-se em uma fonte de problemas para o segundo-secretário.

O Lancia Fulvia CD-491 chocou-se com uma bicicleta motorizada ao sair da chancelaria no início da tarde do dia 5 de janeiro de 1970. Com a batida, duas garotas que estavam na motoneta caíram a uns três metros distantes do carro.

Vizinhos aproximaram-se para ver os desdobramentos do acidente. A polícia chegou para fazer ocorrência, a movimentação atrapalhou o trânsito.

De Hoo atuou como intérprete nas conversas entre o segundo-secretário e os guardas. Nessa época, o diplomata avaliava entender 20% das conversas em holandês.

Com suspeita de fratura, uma das moças atingidas pelo Lancia seguiu para o hospital para se submeter a uma radiografia.

Paulo Dionísio pegou os nomes e os endereços das duas. Depois, por sugestão de Maria Coeli, mandou flores.

Cerca de 1.500 pessoas festejaram o Carnaval de 1970 no Congresgebouw, badalada casa de shows em Haia. De peruca e poncho, o segundo-secretário fantasiou-se de Caetano Veloso, o cantor e compositor baiano, na época exilado em Londres. Tempos antes, alguém dissera que Paulo Dionísio parecia-se com o artista.

Havia brasileiros e estrangeiros no baile, mas predominou o público holandês. Dos diplomatas da embaixada, só Biato não compareceu.

❖

O governo brasileiro teve o amparo de uma autoridade holandesa, em fevereiro de 1970, para responder às denúncias divulgadas na Europa. O ministro Joseph Luns, dos Negócios Estrangeiros dos Países Baixos, contestou em entrevista para o jornal *Het Vaderland* notícias de que os militares promoviam matanças de índios no Brasil.

Nome importante na unificação da Europa depois da Segunda Guerra Mundial, Luns chegou ao cargo em 1952. Deixará o ministério em 1971 para assumir a Secretaria-Geral da Organização do Tratado do Atlântico Norte (OTAN) – aliança política e militar ocidental liderada pelos Estados Unidos, oponente ao Pacto de Varsóvia, o conglomerado de nações sob a influência soviética. Permanecerá no posto por 13 anos.

Eiras enviou para Brasília um trecho, traduzido para o português, da entrevista original de Luns.

O diário nº 3 começa no dia 8 de fevereiro de 1970, no único caderno de espiral. De capa cinza, contém mais de 60 folhas de relatos metódicos do diplomata.

De Hoo soube na polícia que as meninas do acidente com a motoneta passavam bem. A que esteve no hospital voltou para casa. O conserto do carro ficou em 270 florins, a serem pagos pela seguradora.

Três dias depois, o funcionário holandês leu para Paulo Dionísio uma carta enviada pelas garotas. Elas agradeceram as flores e mandaram a conta das despesas feitas em função do acidente. Esses custos também foram encaminhados para a seguradora.

❖

Paulo Dionísio sentia saudade, em especial, dos parentes em Minas Gerais. A troca de correspondências amenizava a vontade de rever as pessoas e os lugares da infância e da juventude.

Pela mala-direta, apesar da reclamação de Biato, recebia com grande frequência longas cartas, recortes de reportagens em jornais e revistas e fitas cassete gravadas com mensagens e músicas. Correspondia-se com mais de uma dezena de pessoas do Brasil e de outros países da Europa.

Assim, mantinha-se atualizado com a cultura e a política da terra natal. Apreciava, sobretudo, as cartas da irmã Maria do Carmo, a quem se refere no diário como "a mais doce das criaturas". O cunhado Cláudio e o irmão Paulino Cícero o abasteciam de notícias da política interna.

Nas respostas aos familiares e amigos, Paulo Dionísio escrevia textos detalhados e falava sobre as novidades europeias.

Algumas impressões sobre os objetivos do diário completaram o relato do dia 18 de fevereiro de 1970. Anotou, nesse dia, que evitava tratar em demasia dos assuntos de família.

"[...] sem querer subestimar este modesto trabalho, acredito que [o] maior volume de informação aqui encontrado deva ser fornecido por minha experiência diplomática e de vivência no exterior."

Refutou o uso do diário para interesses pessoais. A narrativa devia ser limpa de egoísmos e futilidades. Concluiu, em latim, com uma citação do Eclesiastes:

"*Vanitas, vanitatis...* [A vaidade das vaidades...]."

As preocupações com a segurança das informações em circulação na embaixada tornaram-se mais evidentes nessa época. Em 25 de fevereiro, o segundo-secretário mencionou algumas mudanças internas.

"Os [...] maços individuais, passaram hoje para o arquivo da chamada 'Sala Secreta'."

Desde então, os documentos com os registros formais da carreira dos diplomatas ficaram trancados em um cômodo de acesso restrito, a Sala de Comunicações, apelidada de "Sala Secreta" pelos subordinados de Eiras. Poucos podiam entrar nesse espaço.

O filme *Z*, do diretor Costa-Gavras – grego naturalizado francês –, mereceu mais de meia página de resenha de Paulo Dionísio. A película aborda a turbulência política na Grécia durante os anos 1960.

"[...] é forte, violento, sem deixar de ser dramático; [...] a obra tem a sobriedade e a frieza de uma sala de justiça e tem a desordem das turbas enfurecidas. Bonito filme. [...] não apareceu tortura mas lembrei-me dos fanatismos brasileiros em várias passagens."

As punições de Miguel Darcy e Rosiska, em fevereiro, viraram assunto das conversas entre os diplomatas brasileiros e também no diário. O segundo-secretário usou o telefone e as relações pessoais para manter-se informado. O amigo de Bruxelas atualizou Paulo Dionísio das novidades.

"[...] contou-me que o Miguel Darcy foi removido, melhor dizendo, chamado ao Rio e preso por atividades subversivas: recebia notícias contrárias ao governo [...] distribuía à imprensa estrangeira no posto onde estava [Genebra]."

O colega da embaixada de Bruxelas explicou a Paulo Dionísio que somente falava desse tema ao telefone porque a televisão francesa tornara o caso público. Não podia ser acusado pelo governo de divulgar, no exterior, informações já públicas sobre o Brasil.

❖

A conversa com o amigo brasileiro produziu inquietação no segundo-secretário. Dias antes, Paulo Dionísio remetera uma carta a outro colega, via mala diplomática, com observações sobre o que se ouvia a respeito do Brasil na Holanda. Fez referência a torturas de presos e à situação dos países subdesenvolvidos.

"[...] o que escrevi não tem nada de comprometedor, mas a situação está de urubu voar para trás e a gente nunca sabe o que pode a censura querer com o que foi dito. Evidentemente, esse comentário é só para mim e acho que nem com Maria Coeli comentarei em voz alta [...]."

A vigilância do Estado amedronta os brasileiros. Mesmo sem nenhuma indiscrição na correspondência, os temores estão presentes. Na carta, ele até fizera críticas leves a Dom Helder. Mas, do jeito que as coisas andavam, concluiu que a mensagem poderia ter sido interceptada pelos serviços secretos.

"Incidentally, até hoje não recebi resposta; não sei se [o amigo no Brasil] recebeu minha carta."

Paranoias como essa são muito comuns em ditaduras. De direita ou de esquerda.

No trabalho, acumularam-se "picuinhas" e "probleminhas" com colegas diplomatas e funcionários subalternos. De modo geral, giravam em torno de divergências sobre procedimentos e hierarquia na embaixada. Esses pensamentos tomaram o tempo do segundo-secretário em uma noite de insônia no final do mês.

Fevereiro terminou com a conta zerada no banco. As reservas acabaram depois das despesas com o conserto do carro.

Pelo menos, a seguradora vai restituir o dinheiro desse último gasto.

Gripado, desistiu de viajar com Maria Coeli para Bruxelas no sábado, 3 de março de 1970. Telefonou logo cedo para avisar o amigo que os aguardava na capital belga.

Na conversa com o colega diplomata, tornaram a falar da prisão de Miguel Darcy.

"[O amigo de Bruxelas] contou-me também que a Comissão de Cassações voltou a reunir-se [...]", anotou. Referia-se à Comissão de Investigação Sumária (CIS), instalada no ano anterior por Magalhães Pinto.

Nas anotações do dia 9 de março, o segundo-secretário registrou a compra do velho baú escolhido por Maria Coeli. Custou 400 florins. Citou também um jogo de 21 peças do século XIX de porcelanas Limoges, fabricadas na cidade francesa de mesmo nome. Foi adquirido por 300 florins.

"[...] ambos preços considerados de ocasião", ponderou.

Nessa época, Paulo Dionísio andava incomodado com o fato de Maria Coeli não parar de fumar. As restrições ao tabaco não o impediram de, a seu jeito, rasgar um elogio à beleza da esposa durante um coquetel na casa do embaixador.

"A bichinha estava mais bonita do que de costume", exaltou.

Em casa, chateava-se também com problemas de infiltração nas paredes. A relação com o senhorio tornava-se mais difícil por causa de defeitos no imóvel.

No trabalho, o segundo-secretário encontrava-se empenhado na participação do Brasil na Feira de Outono de Utrecht, organizada pelo Itamaraty e pela Carteira de Comércio Exterior do Banco do Brasil (Cacex), órgão responsável por promover o comércio exterior brasileiro.

Mostrava-se interessado, também, na organização dos arquivos da embaixada, bagunçados havia muitos anos e reforçados pelos documentos do antigo consulado de Amsterdã, fechado pelo Itamaraty.

As viagens de Dom Helder Câmara pela Europa entraram na pauta do segundo-secretário no dia 16 de março de 1970. Um telegrama que chegou no dia anterior pedia remessa (para o Brasil) de um exemplar do jornal *De Volkskrant* de 28 de janeiro. O periódico teria publicado uma entrevista do líder católico, a mesma à qual Paulo Dionísio assistira na TV cerca de duas semanas antes.

"[...] constatei que dia 28 foi o dia da entrevista na televisão; possivelmente terá sido publicada no exemplar do dia 29. Prefiro que a achem por si mesmos amanhã; em todo o caso, posso dar a entender que vi na TV dia 28 a entrevista, sem ferir minha consciência como 'dedo-duro'."

Desinformado até mesmo sobre o dia das declarações de Dom Helder, o setor de segurança do MRE, integrado à Comunidade de Informações, pressionava a embaixada de Haia para obter os jornais.

Tornou-se público depois da redemocratização que o Itamaraty e os serviços secretos agiram com agressividade naquele período para evitar que Dom Helder recebesse o Prêmio Nobel da Paz. Sempre derrotado, o arcebispo foi indicado três vezes para a homenagem, a primeira delas em 1970.[24]

Os serviços prestados por diplomatas para a destruição da imagem de Dom Helder serão comprovados, em 2015, pela Comissão Estadual da Memória e da Verdade Dom Helder Câmara, de Pernambuco.

Um dos jornais lidos naquele mesmo dia, 16 de março, publicou na primeira página o título "Brasil solta 5 prisioneiros em troca de cônsul", com foto de um dos libertados, o guerrilheiro Shizuo Ozawa, já no exílio, no México. Conhecido como Mário Japa, Ozawa integrava a Vanguarda Popular Revolucionária (VPR).

---

[24] A atuação de embaixadores brasileiros na ofensiva contra Dom Helder na Europa foi revelada no livro *Dom Helder Câmara: entre o poder e a profecia*, de Nelson Piletti e Walter Praxedes (São Paulo, Editora Ática, 1997). O jornalista Elio Gaspari afirma, no livro *A ditadura escancarada* (São Paulo, Companhia das Letras, 2002), que o SNI se envolveu diretamente na campanha contra a escolha do líder católico junto aos organizadores do Nobel.

A reportagem referia-se ao caso do cônsul japonês Nobuo Okuchi, sequestrado alguns dias antes em São Paulo. A VPR executara a ação e obtivera êxito nas negociações para soltura dos cinco presos políticos.

Durante o almoço, um funcionário holandês da embaixada, Robert Hageman, perguntou se algum dos sequestradores era parente de Paulo Dionísio. O segundo-secretário respondeu que ficaria orgulhoso se fosse. O servidor holandês reagiu, em tom de galhofa, como se fosse dedurar o diplomata para superiores.

"Vou escrever isto", afirmou.

Hageman, no caso, brincou de informante da ditadura brasileira.

Ainda no dia 16, o segundo-secretário explicitou desconfianças em relação às comunicações com o Brasil.

"[...] Acho que não devo mais remeter ao Paulino [Cícero] recortes de jornais europeus com notícias sobre o Brasil; só dá tortura e não me parece que o tópico seja passível de trânsito fácil no DCT [Departamento de Correios e Telégrafos, atual Empresa Brasileira de Correios e Telégrafos (ECT)], mesmo que seja para a informação exclusiva do mano."

A imprensa europeia repercutiu a libertação dos sequestradores nos dias seguintes. O *Le Monde* noticiou a proibição na França do livro *Pela libertação do Brasil*, escrito por Carlos Marighella, fundador da Ação Libertadora Nacional (ALN) e principal nome da luta armada de esquerda, morto pelo DOPS de São Paulo no dia 4 de novembro de 1969.

"Como criar imagem com essa onda adversa?", questiona o diplomata, envolvido na produção do conteúdo do boletim comercial que escrevia para promover o Brasil na Europa.

O fato de ter assistido à entrevista do arcebispo e comentado com colegas provocou consequências. Eiras pediu esclarecimentos sobre o programa visto pelo segundo-secretário. Sem revelar a fonte, Paulo Dionísio baseou-se nas anotações do diário para responder, uma vez mais, quando assistiu à aparição do arcebispo na televisão.

"19 de março de 1970. Quinta-feira. Fiquei chocado hoje em posição de ter que defender este diário sem mencioná-lo. O Embaixador queria que eu confirmasse que foi dia 28 que vi a entrevista de D. Helder pela TV. [Foi] dia 28 de janeiro. Seguro."

No dia seguinte, tratou da obsessão crescente do Itamaraty com as declarações do arcebispo.

"20 de março de 1970. Sexta-feira. Cifrei hoje de manhã um catatau de telegrama sobre a entrevista de D. Helder Câmara. A partir de minha informação, [...] preparou a minuta dizendo que na edição 'indigitada' do *Volkskrant* [do dia 28 de janeiro] não havia sido publicada [a entrevista]; que nos dias anteriores e subsequentes não havia tampouco saído no *De Volkskrant*. Que no dia 28-1, D. Helder apareceu na televisão holandesa [...]."

O segundo-secretário anotou, ainda, que o produtor da televisão que exibira a fala de Dom Helder recusara-se a fornecer uma cópia do programa à embaixada "para evitar dificuldades eventuais ao entrevistado".

"[...] a recusa é um desafio à cegueira, à obtusidade e ao fanatismo de certos setores da segurança e informações do governo brasileiro [...]."

Esse apontamento expôs a opinião de Vasconcelos sobre a "linha dura" dos militares.

As mesmas letras miúdas esgotam as 80 páginas do caderno nº 4 do diário, de brochura e capa cinza.

O futebol nos fins de semana ajudava a aliviar as tensões. O HVV-9 mais perdia do que ganhava, mas o diplomata mineiro quase sempre aprovava o próprio desempenho.

"Jogando de médio direito [ala] colaborei para a vitória de 3x1", escreveu no dia 22 de março, sobre a partida disputada sob um raro dia de sol claro.

Nesse dia, Paulo Dionísio não ficou com as pontas dos dedos das mãos e dos pés congelados pelo inverno, como acontecera nas últimas vezes que entrara em campo.

Ainda sem intimidade com a língua holandesa, o segundo-secretário pouco entendeu do noticiário na noite do dia 23 de março. Compreendeu apenas que um grupo de religiosos dominicanos apresentara uma moção de protesto contra o Brasil. Não captou onde isso ocorrera.

Na embaixada, no dia seguinte, descobriu que o abaixo-assinado dos católicos chegara pelo correio. Eiras viajara para Paris pela manhã e, por telefone, foi avisado do ocorrido por Biato.

Orientado pelos superiores, Paulo Dionísio cifrou um telegrama sobre o documento assinado por 133 católicos holandeses e enviou para Brasília. A embaixada consultou a sede no Brasil se deveria confirmar, aos remetentes, o recebimento do abaixo-assinado.

No texto encaminhado à embaixada, em linguagem formal e cortês, os signatários reclamaram do tratamento desumano sofrido pelos prisioneiros políticos no Brasil. Em particular, trataram do caso do Frei Tito de Alencar, dominicano brasileiro, ainda na cadeia, torturado pela equipe do delegado Sérgio Paranhos Fleury, do DOPS de São Paulo.

Tito conheceu no corpo alguns tipos de suplício. Foi pendurado em paus de arara, levou socos, pontapés, "telefones" nos ouvidos. Sofreu queimaduras de cigarros. Ainda preso, tentou suicídio com uma gilete e passou uma semana em um hospital para sobreviver.

O frei dominicano será banido do Brasil em janeiro de 1971. Em 7 de março de 1974, na França, ele cometerá suicídio, enforcando-se pendurado em uma árvore no pátio de um convento.

As denúncias contra o governo brasileiro espalhavam-se pela Europa.

"Maria Coeli me passou agora página do *Le Monde* de 7/3, com a notícia da prisão do Miguel Darcy. Cortei e juntei [no diário]."

❖

Na manhã do dia 27 de março, Paulo Dionísio procurou equipamento de barbear nas lojas da cidade.

"Saí para comprar aparelho de gilete; todo comércio estava aberto, apesar de ser sexta-feira santa [...]."

O segundo-secretário preocupava-se em manter o rosto escanhoado. Os pelos do queixo cresciam rapidamente e, poucas horas depois de raspados, pareciam estar por fazer.

❖

O diplomata mineiro jantou em casa com um colega que servia na embaixada brasileira em Londres.

"[...] comentamos as durezas da situação interna do Brasil [...]."

De acordo com o interlocutor de Paulo Dionísio, os adidos da Aeronáutica e da Marinha em Londres eram "linha duríssima" e pressionavam o embaixador para rebater na imprensa os ataques contra o Brasil.

O ministro conselheiro, Francisco de Assis Grieco, tinha ligações com militares, contou o colega lotado em Londres. Também influenciava o embaixador na defesa da ditadura.

Nesse clima, mesmo sem instruções da Secretaria de Estado, o embaixador Corrêa da Costa tomou a iniciativa de responder a um artigo do *The Observer* sobre tortura contra presos políticos.

"Comentei que era um ato de coragem, mas de validade duvidosa porque feito sem instruções do Itamaraty."

Corrêa da Costa intercedera junto ao periódico inglês, sob pressão dos adidos da Aeronáutica e da Marinha em Londres. Consumara o gesto à revelia da cúpula do MRE.

Durante o jantar, abordou-se também o comportamento de outro diplomata brasileiro que, em conversa com um jornalista inglês, afirmara que no Brasil não havia torturas.

"[...] ele é simplista e não admite ter conflitos íntimos", opinou o interlocutor de Paulo Dionísio sobre esse colega.

Sem conflitos internos, a sobrevivência fica mais fácil nesses tempos sombrios.

Um telegrama circular recebido no dia 29 comunicou decisão importante do governo brasileiro.

"Foi assinado hoje decreto-lei pelo qual o mar territorial do Brasil passa a abranger uma faixa de duzentas milhas marítimas, estendendo-se a soberania do Brasil ao espaço aéreo, leito e subsolo do mar", transcreveu no diário.

O estado emocional de Paulo Dionísio entrou para o rol de assuntos conversados pelo casal nessa época.

"Maria Coeli ontem disse-me que teme os efeitos de uma monomania minha: o assunto fortaleza. Acha que falo nisso demais e que daqui a pouco estarei atacado de uma espécie de paranoia [...]. Bobagem dela, evidentemente. Se falo em fortaleza como virtude a praticar e a alcançar é porque sinto muito normalmente que Maria Coeli e eu não somos fortes [...]."

O segundo-secretário considera que a educação de filhos exige a "virtude" da fortaleza, ainda mais do que outras, como a tolerância e a formação da personalidade, também necessárias, segundo as anotações do dia 30.

Ao terminar de ler *Cem anos de solidão*, do colombiano Gabriel García Márquez, Paulo Dionísio ficou com a impressão de que se tratava de uma obra inferior às de autores brasileiros contemporâneos. A tradução do espanhol para o português, considerada ruim pelo diplomata, contribuiu para a crítica negativa.

"Não me trouxe grande cabedal de leitura", constatou Paulo Dionísio. "Como romance, não é melhor do que *O tempo e o vento*, de Veríssimo; como documentário de uma cidade, Jorge Amado escreveu vários muito melhores", arrematou.

Chegou o dia 31 de março de 1970.

"Aniversário da Revolução. Ou do Movimento. Ou do Balanço. Ou da Grande Sacanagem." Com esses termos, Paulo Dionísio tratou, no diário, a quartelada de 1964.

O segundo-secretário opinou sobre o discurso feito por Eiras na solenidade, alusiva à tomada do poder pelas Forças Armadas, realizada na chancelaria. Marcaram presença os brasileiros da embaixada e do consulado em Roterdã.

Ao levantar um brinde, o embaixador fez referências protocolares aos presidentes da "revolução". Disse que estava "cumprindo instruções da Secretaria de Estado" e evocou a "base popular" do movimento de 1964.

Eiras também citou a Marcha da Família com Deus pela Liberdade, referência às manifestações de rua contra as reformas de base propostas pelo presidente João Goulart, usadas pelos militares como justificativa para a tomada de poder.

Nesses termos, o embaixador contornou eventuais conflitos íntimos em relação ao governo que representava.

"Palavras ocas de resto...", assinalou Paulo Dionísio no diário.

Na percepção do diplomata, "alguma coisa de positivo sobra" do "golpe" da "direita" no Brasil. Não esclareceu o quê.

À noite, o casal mineiro recebeu parte do pessoal da embaixada. O jantar teve pão, caviar e arenque de entrada. De prato principal, comeram um cozido.

O sexto aniversário do golpe mereceu espaço no *Le Monde*: "Le general Garrastazu Médici affirme que la repression sera dure et implacable (O general Garrastazu Médici afirma que a repressão será dura e implacável)".

O *Le Monde* também transcreveu trechos da Ordem do Dia emitida pelo ministro do Exército, general Orlando Geisel, sobre 31 de março.

"Nous restons fideles à notre vocation de peuple chrétien aimant la democratie. Non pas la démocratie romantique [...] mais une démocratie representative fondé sur l'amour de la liberté, que n'exclut pas des ses reponsabilités [Nós continuamos fieis à nossa vocação cristã, amante da democracia. Não a democracia romântica, [...] mas uma democracia representativa, fundada sobre o amor à liberdade, que não exclui suas responsabilidades] [...]."

Chegou à embaixada em Haia uma circular interna com pedido de que, "na medida do possível", fosse dada publicidade ao trecho do discurso de Médici, relativo "à questão da subversão e da proteção à população inocente e indefesa".

Uma anotação do dia 2 de abril tratou de um fato que mudou a rotina da representação brasileira naquele dia.

"De tarde, a Ivone [secretária da embaixada] recebeu um telefonema anônimo: 'There is a bomb placed in the premises of the Brazilian Embassy' [Há uma bomba nas instalações da embaixada brasileira]." "[...] Eiras telefonou ao Cerimonial e daí a pouco aparecem três policiais para investigar o caso."

Esse era o ambiente de trabalho de Paulo Dionísio nos seus últimos meses de vida.

Com a crescente repercussão na Europa das denúncias, os militares ficaram mais ostensivos na propagação da versão oficial. Ao mesmo tempo, orientaram a embaixada a não responder aos dominicanos que enviaram o abaixo-assinado.

A representação brasileira, em termos formais, ignorou o recebimento do documento que pede explicações sobre Frei Tito. O governo militar usava o corpo diplomático para tentar enganar a comunidade internacional.

No dia 3 de abril, o *Le Monde* mais uma vez revelou novidades sobre o Brasil.

Segundo o jornal francês, o ditador Médici enviou um militar de sua confiança ao Vaticano para "informar Sua Santidade da situação dos prisioneiros políticos no Brasil".

Nesse mesmo dia, o embaixador chamou Paulo Dionísio para despacho. Havia muitos assuntos a tratar: circular sobre discurso de Médici; relatório sobre segurança, motivado pela denúncia de bomba; o abaixo-assinado dos dominicanos; os insistentes pedidos de Brasília sobre a entrevista de Dom Helder.

Eiras redigiu a minuta de um telegrama, datilografou-a e fez a revisão. Por fim, rasgou o manuscrito e guardou os pedaços de papel no bolso.

"Posso estar enganado, mas o Eiras deu-me a impressão de ter ficado um pouco temeroso com a situação."

A paranoia aumentou nas últimas semanas.

Paulo Dionísio ficou na embaixada até as 21h para cifrar um telegrama sobre a ameaça de bomba.

Os guerrilheiros latino-americanos prosseguiram com as ações violentas contra diplomatas. As anotações do dia 6 de abril, feitas na madrugada do dia 7, registraram a execução, pelos esquerdistas, do embaixador alemão na Guatemala.

"O corpo dele foi encontrado com um tiro na cabeça."

Paulo Dionísio ficara na chancelaria até 1h30 para fazer dois telegramas secretos.

Uma das mensagens era sobre uma carta enviada à representação brasileira pelo presidente do Partido Popular Católico (KVP), agremiação integrante do governo holandês. Pedia esclarecimentos oficiais sobre a "onda de notícias" a respeito das "torturas horrorosas" dos presos políticos no Brasil.

Em despacho para Brasília, o embaixador Eiras indagou se deveria acusar recebimento da correspondência.

"Não comentei o aspecto da influência holandesa nos negócios internos do Brasil, […] que me ocorreu enquanto eu cifrava [o telegrama]", anotou Paulo Dionísio.

O outro telegrama tratou da carta de um leitor ao jornal *Trouw*. Comunicou a realização, em breve, de uma manifestação contra as torturas em frente à chancelaria, em Haia.

A iniciativa seria dos estudantes da Universidade Livre de Amsterdã. Estava prevista a distribuição de cartazes e folhetos informativos com dados trazidos clandestinamente por brasileiros que conseguiram sair do país com as informações.

Menciona-se na carta do leitor que as torturas são perpetradas tanto pela polícia quanto pelo Exército brasileiro.

❖

7 de abril de 1970.

Em uma reunião com Paulo Dionísio, na frente de outros diplomatas, Eiras fala sobre a segurança na representação brasileira em Haia. No mesmo assunto, o embaixador comenta os movimentos dos exilados brasileiros na Europa.

O segundo-secretário quis saber mais.

"[...] estariam os exilados brasileiros ligados ao plano de manifestação em frente à embaixada? Estariam os manifestantes, por outro lado, ligados aos sequestradores de diplomatas no Brasil? As questões ficaram no ar."

Eiras não respondeu às perguntas.

A opinião do diplomata mineiro sobre o chefe aparece nas anotações do dia seguinte.

"Tenho confiança nele; [...] Com toda a fineza diplomática e correspondente impessoalidade que o caracterizam, no fundo o Eiras é um homem profundamente honesto."

Paulo Dionísio comemora nesta época o fato de a cunhada Maria Ângela ter começado a trabalhar no Itamaraty.

"Ela poderá ajudar-me muito trabalhando na Secretaria de Estado, principalmente no setor onde fica lotada, a Assessoria de Imprensa do Gabinete", anotou.

A influência das famílias Almeida e Vasconcelos expandia-se em Brasília.

Nesses mesmos dias, o diplomata comenta o estado emocional da esposa.

"Maria Coeli queixou-se ontem de solidão, falta de assistência e apoio moral da minha parte, deu uma de criança chorando..."
O casal continuava com dificuldades no relacionamento.

A troca de mensagens entre a embaixada e a sede reflete um pouco da tensão em Haia naquelas semanas. No dia 8 de abril, Paulo Dionísio estranhou uma ordem, de Brasília, para que ele refizesse a codificação de uma mensagem enviada anteriormente.

"Veio hoje pedido de repetição, por indecifrável, do telegrama sobre a manifestação de sexta-feira. Verifiquei a cifração, corretíssima."

O problema de comunicação devia-se a certa desorganização decorrente da mudança do Itamaraty para Brasília, verificou Paulo Dionísio em conversa com um colega de Genebra. Outras representações passaram pelo mesmo transtorno.

A missão brasileira na cidade suíça funcionava como um entreposto das mensagens entre embaixadas na Europa e a Secretaria de Estado.

Em resposta à indagação de Eiras sobre a carta do KVP, a Secretaria de Estado orientou a embaixada a devolvê-la ao remetente. Junto com a correspondência, a representação deve enviar um bilhete, "assinado por um secretário", em que fique assinalada a "impertinência" dos seus termos e a "indevida e inaceitável ingerência" na soberania do Brasil.

O embaixador em Haia considerou "absurda" a postura da Secretaria de Estado. Na opinião de Paulo Dionísio, a resposta do Itamaraty era "inspirada na linha dura militar".

Depois de refletir por um dia, Eiras decidiu que atenderia à determinação da Secretaria de Estado.

Biato, primeiro-secretário, responsabilizou-se pelo bilhete, "cumprindo instruções do embaixador", nos termos estabelecidos pela cúpula do Itamaraty.

Na quinta-feira, 23, o segundo-secretário acompanhou, de dentro do prédio, a manifestação na rua.

"Tortura no Brasil", lia-se nas faixas.

Os ativistas, jovens estudantes, também carregavam cartazes com nomes de vítimas castigadas pelo governo militar.

Paulo Dionísio apareceu na janela da sala de comunicações e, no instante seguinte, os estudantes levantaram os cartazes e riram em sinal de provocação.

"[...] os manifestantes parecem profissionais e ao mesmo tempo crianças", escreveu o diplomata.

Antes de se dispersarem, os ativistas entregaram na portaria um abaixo-assinado com mais de mil assinaturas, grande parte colhida de passantes durante a manifestação. A polícia garantiu o protesto, que durou ordenadamente das 10 às 17h.

Apesar do tumulto, nesse dia Paulo Dionísio entrou e saiu livremente da embaixada para trabalhar.

Em telegrama enviado à Secretaria de Estado, codificado pelo segundo-secretário, Eiras afirmou que "cerca de 50 jovens" da Universidade Livre (Calvinista) de Amsterdã protestaram em frente à chancelaria.

O embaixador também relatou que a missão em Haia recebeu vários telefonemas de mulheres do movimento Mães de Família pela Paz contra as torturas de presos políticos no Brasil.

Eiras esteve no final de abril com o ministro Joseph Luns. Foi explicar a devolução da carta do KVP, maior partido da aliança de apoio ao governo holandês. O segundo-secretário fez, no diário, um relato do encontro.

Filiado ao KVP, Luns mostrou-se compreensivo com o gesto do governo brasileiro. Elogiou o fato de a embaixada em Haia não responder aos ataques recebidos de ativistas dos Países Baixos.

Nas palavras do ministro holandês, os manifestantes são ingênuos e incapazes de compreender os problemas com que se defrontam os países subdesenvolvidos. Para responder a perguntas no Parlamento, Luns pede a Eiras uma declaração do governo brasileiro defendendo-se das acusações de tortura.

O embaixador queria dar caráter ultrassecreto ao telegrama que enviou à Secretaria de Estado para informar sobre a reunião com o ministro. Ao ler as normas, descobriu que não podia dar essa classificação à mensagem.

Só o presidente da República, ministros de Estado e o chefe do SNI tinham prerrogativa de "manusear" correspondências "ultrassecretas". Esse tipo de mensagem também não podia ser enviada por meio eletrônico – somente ser entregue em mãos de agente habilitado.

"O telegrama saiu como secreto."

14 de maio de 1970

Paulo Dionísio descobriu que o adido naval pretendia comunicar ao Itamaraty que "um secretário" assistira à entrevista televisiva de Dom Helder no dia 28 de janeiro. Naquele contexto, o gesto do militar equivalia a uma acusação de omissão do diplomata por não ter oficialmente transmitido aos superiores as declarações do arcebispo.

A ditadura queria provas para incriminar Dom Helder.

"O secretário sou eu", registrou no diário.

A partir desse episódio, a relação entre Paulo Dionísio e o comandante Seize deteriorou-se. O segundo-secretário voltou ao assunto no dia seguinte.

"Remoí muito hoje a atitude do Comandante [...] de dar a 'informação' sobre o Secretário que viu o programa com o D. Helder. Cabeça de milico é dura."

O adido naval dissera ter recebido da Marinha a informação, obtida com "fonte segura e fidedigna", de que o jornal *De Volkskrant* do dia 28 de janeiro dera notícia detalhada sobre entrevista de Dom Helder.

No submundo da Comunidade de Informações, a expressão "fonte segura e fidedigna" nada significa. Em geral, aplica-se quando não se quer dizer a origem de uma informação. Ou quando se trata de mero boato.

"Contestei com o Comandante a fidelidade da informação porque, pelo menos num ponto, a fonte foi desmentida: o *Volkskrant* de 28/1 não publicou nada sobre D. Helder."

Biato interferiu na discussão. Tentou explicar ao militar que Paulo Dionísio não falava holandês nem alemão. Logo, não teria como cuidar da repercussão das declarações de Dom Helder.

"Inútil. [O adido] diz que vai dar a informação. Foda-se o almirante."

Seize alimentava o fluxo de informações contra Dom Helder. Paulo Dionísio vivia seu conflito íntimo com a ditadura.

No diário, o diplomata mineiro usou uma expressão em latim para arrematar o assunto.

"*'Fiat voluntas Dei'* [Que seja feita a vontade de Deus] [...]".

O atrito com o militar fez Paulo Dionísio lembrar-se da expulsão do colégio em Cachoeira do Campo. Sentiu-se perseguido.

"Qualquer que seja o desfecho agora, não pretendo rasgar este diário. Não por causa desse assunto", registrou.

A vida social prosseguiu intensa nesses dias. Os Vasconcelos compareceram a um jantar na residência de Eiras. Os convidados eram diplomatas e uma baronesa. Paulo Dionísio passou boa parte do tempo conversando sobre futebol com o embaixador do Equador.

"Maria Coeli estava bacanérrima num 'curto' preto. Fiquei à vontade no meu '*black-tie*'", registrou, feliz.

As tarefas de chefe do Setor de Promoção Comercial e de encarregado pela criptografia forçavam longas jornadas de trabalho. Frequentemente esticava o serão até tarde da noite ou, mesmo, até as madrugadas para cifrar e decifrar telegramas.

Às vezes o diplomata esquecia-se das aulas de holandês no instituto onde se inscrevera. O curso custava 180 florins por 30 aulas.

"Pancada forte", escreveu sobre o preço.

❖

Em Londres, o embaixador brasileiro atendeu à orientação de Brasília e visitou a sede do semanário *The Sunday Times* para defender a versão de que, no Brasil, não havia tortura nem prisioneiros políticos. O jornal publicou quase uma página sobre "o terror brasileiro", como Paulo Dionísio escreveu no dia 18 de maio de 1970.

Embora o texto do *Sunday* afirmasse, com certa ironia, que era impossível duvidar da sinceridade pessoal do embaixador, a reportagem segue com relatos de choques elétricos, "telefone", "pau de arara" – métodos de tortura praticados no Brasil – e intimidação pela ameaça de agressão física contra parentes dos presos. Entre as fontes do jornal estão a Anistia Internacional e o Vaticano.

Paulo Dionísio registrou, também, que o semanário estampou uma foto de Dom Helder, identificado como "o latino-americano mais influente dos nossos dias, juntamente com Fidel Castro".

No dia seguinte, trata outra vez da pendenga com Ezio Seize.

"Contei [ao Eiras] sobre a teimosia do [adido naval], a respeito do programa do dia 28-1; 'o que ele pode fazer? Nada', foi o comentário do meu Embaixador. Gostei."

Uma carta enviada por um burocrata do Itamaraty no Brasil aborda, pela primeira vez, um assunto que tomará importância crescente para o diplomata mineiro nas últimas semanas antes de morrer.

O segundo-secretário possui um apartamento em Brasília. Quando se mudou para Haia, alugou-o para uma conhecida. Nesse imóvel, ficou instalada uma linha telefônica do MRE. Como a locatária utilizou a linha, gerou-se uma conta – paga pelo Itamaraty.

Os inquilinos diziam que o aluguel incluía o aparelho. Paulo Dionísio escreve uma resposta para esclarecer a situação. Os moradores deveriam quitar o débito.

O segundo-secretário lembra que, antes de sair do Brasil, pedira ao próprio burocrata que o telefone fosse retirado do apartamento.

"Deve ter esquecido", comenta, conformado, no diário.

❖

"Dom Helder está hoje na Holanda."
Com essa informação, Paulo Dionísio iniciou o diário no dia 29 de maio de 1970. A presença do Arcebispo de Olinda e Recife em qualquer país, naquele período, provocava nervosismo. Nos canais internos, a Comunidade de Informações movimentava-se para monitorar as pregações do líder religioso. Durante a passagem pelos Países Baixos, Dom Helder reuniu-se com líderes católicos locais.

Biato avisa Paulo Dionísio que o embaixador pretende enviá-lo em caráter particular a uma das reuniões do bispo vermelho. Na prática, seria uma ação de espionagem para a embaixada e para a Comunidade de Informações, interessada em enquadrar o arcebispo.

O segundo-secretário foi tirar a limpo a estória com o Embaixador. Eiras disse que, refletindo melhor, não conviria que Paulo Dionísio fosse ao encontro. Por um lado, poderia parecer que ele representava a embaixada. Por outro, sua presença poderia ser tomada como simpatia pela causa de Dom Helder.

Diante dessa hipótese, o segundo-secretário e Eiras travaram um diálogo corriqueiro naqueles tempos: "A DOPS me mata", disse o segundo-secretário, referindo-se genericamente a um Departamento de Ordem Pública e Social.

Em alguns estados, como em Pernambuco, o órgão tem status de delegacia. Por essa razão, Paulo Dionísio usou o artigo feminino "a".

"A DOPS te tortura", corrigiu o embaixador.

No final, Eiras ainda pediu para o segundo-secretário ver se pegava algo na televisão sobre o arcebispo.

"Veremos", respondeu o subordinado.

O relato do dia 30 de maio foi feito em tinta verde. Dom Helder manteve-se no centro das preocupações de Paulo Dionísio. Os movimentos do arcebispo e a repercussão na imprensa europeia foram narrados em um telegrama, cifrado pelo segundo-secretário, enviado para a Secretaria de Estado.

"Estou [...] feliz porque não me foi preciso cumprir a missão policialesca que me foi atribuída [...]", anotou, referindo-se ao pedido de Eiras – depois desfeito – para que se infiltrasse em uma reunião com Dom Helder.

Nos dias seguintes, como parte do seu trabalho na embaixada, Paulo Dionísio cuidou dos preparativos para a Feira de Outono, em Utrecht. Também se empenhou em informar a Secretaria de Estado sobre tratativas, com o governo holandês, relacionadas à importação de carne sem osso.

O Itamaraty pediu que o segundo-secretário acompanhasse as gestões da Argentina e do Uruguai na mesma área de comércio.

Henny colocou na mesa de Biato o recorte de um jornal holandês com a notícia do sequestro, no Rio, do embaixador da Alemanha no Brasil, Ehrenfried Anton Theodor Ludwig von Holleben. Paulo Dionísio passava pela sala e viu a reportagem.

"Agora à noite, fiquei sabendo que o governo brasileiro prometeu aceitar as condições dos sequestradores para liberar o embaixador", registrou. Leu a informação no jornal holandês *Vaterland*.

Com saudade da língua materna, em junho de 1970, Paulo Dionísio e Maria Coeli viajaram nas férias para Portugal. O diplomata quis passar o período da Copa do Mundo em um país que tivesse simpatia pelo escrete canarinho.

Quando viajaram, deixaram a chave da casa com Louline, a professora de holandês, que era vizinha e tornou-se uma das amigas mais próximas dos Vasconcelos na Holanda. O segundo-secretário deixou o diário trancado em uma gaveta, fora do alcance da amiga.

O casal esteve em Lisboa e no interior do país. Cinco rolos de filmes de fotografias foram gastos durante as andanças.

Na capital, o diplomata visitou a embaixada brasileira. Na ocasião, participou de uma conversa em Portugal com um militar da Marinha do Brasil, tratado por Paulo Dionísio como "adido naval".

O oficial mostrou o relatório do Inquérito Policial Militar sobre o caso de Miguel Darcy.

Com os papéis nas mãos, o homem disse ter recebido um comunicado com a recomendação de que as autoridades brasileiras, inclusive diplomatas, cuidassem para que seus filhos não se deixassem envolver por "subversivos infiltrados em todos os ambientes, até festinhas de sacanagem".

Um diplomata, segundo o relato desse militar, sofrera uma batida policial em casa por causa de um amigo do filho que dormira na residência.

Os militares ameaçam e espalham medo.

Depois de duas semanas de férias em Portugal, os Vasconcelos chegaram de volta a Haia na noite do dia 29 de junho de 1970. Paulo Dionísio tem pela frente a organização da Feira de Outono, em Utrecht.

Ivo Barroso deixará a embaixada em breve, será reintegrado ao Banco do Brasil. Assim, o segundo-secretário ficará sozinho na organização da feira.

"Não estou apavorado, absolutamente", escreveu o diplomata no diário, referindo-se ao acúmulo de trabalho.

O diário registrou no dia 3 de julho uma dúvida do segundo-secretário em relação ao burocrata do Itamaraty que lhe cobrava explicações sobre o telefone de Brasília. O funcionário remetera-lhe um livro que tomara emprestado tempos atrás. Junto, um bilhete: "Aqui está, honestamente."

Paulo Dionísio deixou uma pergunta nas suas anotações: "Será que o sacana está a insinuar uma jogada errada minha sobre o telefone? Puto!"

Em um momento de angústia, no mesmo dia, o diplomata mineiro recorda-se do pai, morto dois anos antes.

"[...] passei o dia bastante deprimido. Já ontem tive uma tremenda fossa lembrando-me do Velho; que falta faz ele aqui nessa terra de Deus e de homens. [...] lembrei-me de minhas dores morais, Cachoeira do Campo [...]; meus problemas passados e por passar no Itamaraty", anotou.

Algo muito grave perturbava Paulo Dionísio no dia 4 de julho, exatamente um mês antes de aparecer morto na Pompstationsweg.

"Preciso mesmo de quem vele por mim ou pelo menos junto a Deus. Perante alguns sinto-me forte, perante outros, fraco. Deus é grande e protege seus filhos", escreveu o diplomata, em uma rara manifestação de fragilidade e de sentimento religioso.

No mesmo dia, em outro contexto, o diplomata demonstrou certa raiva do burocrata de Brasília: "É mesmo um sacana. Em bom português: um canalha."

O segundo-secretário continuava entusiasmado com o *BT News*, o boletim comercial produzido pela embaixada, sob sua responsabilidade. No dia 10 de julho, Paulo Dionísio programou enviar em setembro uma consulta para os exportadores holandeses: "[...] pretendo fazer uma avaliação dos resultados da publicação [...]", escreveu.

O diplomata não viveu até setembro para realizar essa atividade.

De Brasília, a cunhada Maria Ângela passava recados da família pelo telégrafo do MRE. Numa dessas mensagens, Márcia pede notícias da filha grávida.

"Maria Coeli e eu levamos agora, por essa época de verão e férias em geral, vida tranquila", respondeu Paulo Dionísio à sogra.

Na oportunidade, informou também que exames médicos feitos no dia anterior atestaram o bom estado de saúde da gestante.

A revista *Manchete* lançou uma "edição sonora" com gravações dos gols da seleção brasileira na conquista do tricampeonato, conquistado na Copa do México. Paulo Dionísio recebeu um exemplar.

"Alienação pura. Acredito que os meios de comunicação no Brasil estejam sendo usados até o abuso para efetuar uma lavagem cerebral coletiva nas massas do Brasil."

Em contraponto, o casal ouviu o disco do musical *Liberdade, Liberdade*, escrito por Millôr Fernandes e Flávio Rangel em 1965. Com Paulo Autran no papel principal, a peça foi censurada pelo regime militar.

❖

Na segunda-feira, 13 de julho, o diplomata fez um mimo para Maria Coeli, no oitavo mês de gravidez:

"Comprei hoje ingresso para ver Nureyev e Margot Fonteyn dançando *Giselle*, sábado [...]. Veremos. Maria Coeli e eu."

Sensação mundial da dança, em 1970, o bailarino russo Rudolf Nureyev tinha 32 anos. Menos de uma década antes, desafiara o governo da União Soviética ao se asilar na França. Na mesma época, o artista iniciou parceria com a dançarina inglesa Margot Fonteyn, estrela internacional dos palcos, vinte anos mais velha do que ele.

Os Vasconcelos receberam em casa, na noite do dia 14 de julho, um funcionário da multinacional Shell, acompanhado da esposa. Enquanto tomava uísque, o sujeito lembrou-se de que a televisão exibiria um programa sobre os "40 da Argélia", referência aos presos políticos libertados no país africano.

Subiram para assistir à televisão no segundo piso. O documentário denunciou, mais uma vez, as práticas de tortura no Brasil.

Durante a conversa, o visitante perguntou se o dono da casa acreditava em tortura. Paulo Dionísio deu uma resposta diplomática.

"Oficialmente, minha opinião é a do governo, que só pode ser exposta pelo embaixador. Pessoalmente, ignoro a verdade."

Pelo visto, depois da confusão em torno da entrevista de Dom Hélder, o segundo-secretário ficou mais prudente ao falar sobre os problemas brasileiros.

"Lembrei-me do que disse o [amigo de Bruxelas]: cada um de nós vive um tremendo conflito íntimo", anotou.

Maria Coeli também andava em estado de alerta. Nessa mesma noite, ela ponderou com o marido se não seria conveniente que ele contasse na embaixada que vira o programa sobre os "40 da Argélia".

Vinte dias antes de morrer, Paulo Dionísio esteve em Utrecht para tratar da feira comercial. Foi nesse dia que conheceu os pontos turísticos da cidade. Passou pela embaixada em Haia, apanhou alguns documentos e atendeu a um telefonema sobre exportação de suco concentrado de laranja. A pedido de Maria Coeli, voltou logo para casa.

Esqueceu-se de novo da aula de holandês.

17 de julho de 1970

"Casamento hoje do Fernando [irmão de Maria Coeli]." No jantar, tomaram uma garrafa de vinho e brindaram ao matrimônio.

Os dias passaram sem que Paulo Dionísio conseguisse resolver o problema do telefone em Brasília. O Itamaraty e a imobiliária que administrava o apartamento não se entendiam quanto aos procedimentos de cobrança da conta. O segundo-secretário não sabia como agir.

"Muito chato. O fato é que, logo que saí do Brasil, o Gabinete-Brasília [órgão do Itamaraty] deveria ter mandado retirar o aparelho do meu apartamento [...] Assunto peroba."

Chegou a noite do grande espetáculo. Michael Neele e Jeannette acompanharam o casal mineiro.

"Vimos agora à noite *Giselle*, balé com Rudolf Nureyev e Het Nationale Ballet da Holanda", registrou Paulo Dionísio.

Nureyev fez o príncipe Alberto. Estava também prevista a participação de Margot Fonteyn no papel de Giselle. Na última hora, porém, houve uma explicação em holandês de que ela não poderia dançar. A estrela teve apenas uma rápida participação: antes da peça, ela e Nureyev fizeram o *pas de deux* do *Lago dos cisnes*.

"O espetáculo foi magnífico, o melhor *ballet* que já vi."

O drama em torno do apartamento de Brasília estragou um pouco o fim de semana. No domingo, 19, Paulo Dionísio registrou no diário que suspeitava de má-fé por parte do burocrata.

"Pensei muito no assunto do telefone [...]. A estória das contas pagas pelo Itamaraty cheira-me a armadilha que ele [o burocrata] fez para confundir-me."

Lembrou, outra vez, que o próprio funcionário, pela função que ocupava no gabinete em Brasília, deveria ter providenciado a remoção do aparelho telefônico.

Pelas regras internas, o segundo-secretário dependia de uma autorização desse mesmo funcionário para enviar suas explicações ao escalão superior do Itamaraty. Ainda precisará passar por esse constrangimento.

"[...] Terei de calçar minha cara e pedir ao [burocrata] para habilitar-me a responder ao ofício da Secretaria de Estado [...]", resignou-se.

Nesse dia, para se distrair, Paulo Dionísio leu boa parte do livro *O braço direito*, romance de Otto Lara Rezende.

A complicação em torno do telefone voltou a martelar a cabeça do diplomata na segunda-feira, 20 de julho de 1970. Preocupado, pediu conselho a Eiras. O embaixador recomendou-lhe comprar briga com o burocrata na resposta sobre a pendência.

Eiras avaliou que o segundo-secretário, no máximo, levaria uma "repressãozinha". Nos tempos de AI-5, a expressão carregava significados temerários.

"[...] isto está fora dos meus propósitos. Não pretendo encagaçar-me. Acha o Eiras também que o assunto não é de extrema magnitude. Divirjo dele neste ponto [...] A coisa está confusa."

O embaixador pediu para ver, no dia seguinte, o dossiê preparado por Paulo Dionísio para responder à Secretaria de Estado.

O dia reservou um susto para o segundo-secretário. Ao entrar na "Sala Secreta", ele deparou-se com uma circular de maio que pedia o cancelamento do passaporte de um exilado brasileiro, Carlos Figueiredo de Sá.

Uma nota de Biato, escrita ainda no dia 11 de junho, pedia providências ao segundo-secretário. Pelo despacho, Paulo Dionísio deveria ter comunicado a anulação do documento de Carlos Sá ao consulado e ao governo holandês.

O coração gelou. O diplomata mineiro viajara para Portugal e esquecera-se completamente do assunto.

Assim que percebeu o erro, telefonou para o funcionário responsável pelos arquivos para verificar se o cidadão exilado pedira passaporte no período em que estivera de férias.

A resposta veio negativa.

"Isso, sim, foi de arrepiar os cabelos. Tremi nas bases. Alívio. Uff!"

Nas anotações, Paulo Dionísio não forneceu qualquer informação adicional sobre o exilado brasileiro. Ex-juiz do Trabalho em São Paulo, ligado à ALN, Carlos Sá fora cassado pelo AI-5. Nessa época, vivia no Uruguai.

O ex-juiz terá papel importante, nos anos seguintes, na divulgação de denúncias contra a ditadura no exterior.

A Feira de Outono de Utrecht tomou boa parte do tempo do segundo-secretário no final de julho. Na noite do dia 21, esteve com Maria Coeli em uma recepção na casa do embaixador, em Wassenaar. Conversou com Eiras, mais uma vez, sobre o problema do telefone.

O embaixador comprometeu-se a escrever uma carta para Brasília sobre o caso.

❖

"O problema do telefone está-se tornando para mim uma monomania. Não vejo saída plausível", desabafou o diplomata no dia 23 de julho.

Eiras deixou para o dia seguinte o exame dos papéis que Paulo Dionísio ficou de lhe mostrar.

"O setor está quase parado do meu lado; fico redigindo minutas e rasgando-as, lendo e relendo as peças que juntei de minha correspondência [com a imobiliária e com o burocrata]."

De consolo, ouviu do embaixador que, no passado, vários diplomatas tiveram problemas semelhantes com linhas telefônicas. Alguns foram até repreendidos, porém continuaram no Itamaraty.

Mas... "[...] isso quando não era o governo da Revolução", ressaltou Eiras.

Nesta quinta-feira, Paulo Dionísio faltou de novo à aula de holandês. "Não me senti com disposição hoje", justificou.

O diplomata fez as últimas anotações nas páginas finais do diário nº 4 no dia 24 de julho de 1970. O embaixador, como prometido, leu a papelada sobre o telefone nesse dia.

"[Eiras] Não me tranquilizou muito. Disse, porém, que a questão não é grave."

Outra conversa pareceu deixar o segundo-secretário um pouco mais sossegado. Em telefonema para o dono da imobiliária que administrava a locação do imóvel em Brasília, soube que o apartamento, vazio desde a saída da inquilina que usara o telefone, estava de novo alugado.

A ligação custou 118 florins e "estava péssima".

O diplomata voltou ao tema recorrente: "Fiquei de acertar os detalhes de uma minuta de memorandum que mostrei ao Eiras e mostrar-lhe na segunda-feira. O nome do [burocrata] aparece no texto. Veremos."

A derradeira linha do diário tratou de um contato com o proprietário da casa de Haia. Por causa de reclamações mútuas sobre as condições do imóvel, os dois tiveram desentendimentos nos últimos meses.

"Agora à noite escrevi ao Ignatius sobre defeitos da casa." O diário n° 4 terminou assim.

Paulo Dionísio preencheu até a última página do caderno de capa cinza. Nos dias seguintes, fez outras anotações, mas a família não as localizou para a reportagem.

35
Repercussão

Eiras escreve no dia 4 de agosto, às 21h45 – horário holandês –, um telegrama urgente para a Secretaria de Estado.

Codificada na linguagem própria desse tipo de comunicação, a mensagem começa assim: "É com maior pesar que levo a conhecimento de Vossa Excelência trágica ocorrência hoje aqui verificada [...]."

O texto informa a morte de Paulo Dionísio e resume os primeiros movimentos das autoridades holandesas. Registra, ainda, a participação da embaixada brasileira em algumas decisões relacionadas ao corpo. O veterano embaixador evita antecipar explicações.

"Por enquanto não é lícito concluir se se trata de acidente, crime ou suicídio. Parece afastada hipótese de morte natural, pois cadáver visto de uma certa distância [pelo embaixador] apresentava manchas de sangue [...]", escreve Eiras, na mensagem telegráfica.

No final, Eiras conta como foram os últimos contatos do diplomata mineiro com os colegas.

"Vasconcelos estivera hoje de manhã nesta chancelaria e não voltara à tarde. Seguirei informando [...]."

O telegrama chega a Brasília no final da tarde, pelo fuso local. Na burocracia do Itamaraty, o documento recebe alguns números de identificação e ganha a classificação de "Confidencial".

No início da noite, notícias incompletas sobre a morte do segundo-secretário movimentam as redações dos jornais brasileiros. A jornalista Pomona Politis, do *Diário de Notícias*, bate na máquina de escrever sua coluna do dia seguinte.

A seção de Pomona mistura assuntos gerais do governo, da cúpula militar e do mundo artístico carioca. Trata também dos bastidores do Itamaraty, anuncia transferências e viagens dos diplomatas.

Na edição que prepara para o dia 5, Pomona distribui em várias notas curtas detalhes que ouviu durante sua apuração. Essas informações ficaram mescladas com dezenas de outros assuntos, como se escondidas de propósito para escapar da censura.

Uma, por exemplo, trata da possível liberação de 170 mil cruzeiros, pelo governo militar, para a Confederação Brasileira de Voleibol (CBV). Outra nota atiça a disputa entre dois famosos apresentadores de TV.

"Flávio Cavalcanti, eufórico: é absoluto no Ibope. Chacrinha ficou para trás [...]."

Em relação à morte de Paulo Dionísio, apesar da apuração apenas parcial, a repórter arrisca um título contundente para a abertura de sua seção: "Assassinado diplomata brasileiro em Haia: mineiro de 35 anos", diz o título, em duas linhas, no alto da coluna.

Na sequência, a nota principal revela as primeiras versões relativas ao episódio. "Em seu automóvel, o segundo-secretário Pedro Dionísio Vasconcelos, quando transitava perto da capital da Holanda, foi assassinado com um tiro", afirma o texto, com o detalhe de que, por um descuido da redatora, o nome da vítima foi trocado de Paulo para Pedro.

Ainda com base em especulações, Pomona escreve sua conclusão sobre o fato ocorrido em Haia naquele dia.

"Como veem, os terroristas estão, agora, preferindo os diplomatas de pequena hierarquia que estão cercados de menor vigilância, portanto, mais abordáveis. Macacos me mordam se na gang não estiverem já os banidos da Argélia", opina a colunista, referindo-se aos 40 presos políticos brasileiros libertados em troca da soltura do embaixador da Alemanha no Brasil, Ehrenfried Anton Theodor Ludwig von Holleben.

Em uma nota curta, espremida entre assuntos mais banais, a jornalista registra a reunião entre governantes da Argentina e do Uruguai para tratar de combate às guerrilhas. No último parágrafo da coluna, outra informação, quase escondida, trata de um telegrama do presidente Jorge Pacheco Areco para seu colega brasileiro, Emílio Garrastazu Médici.

Pomona encontra brechas para divulgar notícias sensíveis aos militares.

Mais cauteloso, o *Jornal da Tarde* abre uma foto do Lancia cercado de peritos holandeses no alto da página. Do lado direito da imagem, destaca-se um título enigmático: "Morte. A primeira e única cena."

O texto logo abaixo, tipo legenda, recorre a negativas para noticiar o fato.

"Não há suspeitos, não há indícios. Nem testemunhas, nem condições de determinar as circunstâncias da morte. Nem há possibilidade alguma de que seja suicídio. Foi um crime muito estranho..."

Esse tipo de linguagem, quase literária, era uma marca do *Jornal da Tarde*, diário pertencente ao Grupo Estado. Fundado em 1966 como uma publicação vespertina, o *JT* inovou a linguagem da imprensa brasileira com diagramação, fotos e textos ousados, editados sem a formalidade dos grandes jornais. Transformado em matutino no final dos anos 1980, existiu até 2012.

A *Tribuna da Imprensa* usa informações que recebe, na noite do dia 4, das agências internacionais. "Morto o cônsul brasileiro na

Holanda", diz o título, errado, por confundir a função exercida pelo segundo-secretário em Haia.

O texto a ser publicado na manhã seguinte relata que a polícia holandesa resiste a dar "informações mais amplas" sobre a tragédia.

"Ignorava se se tratava de um atentado ou de suicídio", afirma a reportagem.

Em seguida, a *Tribuna* revela como estava o ambiente na representação em Haia: "Na Embaixada do Brasil reinava pelo decorrer da noite a mais profunda aflição, onde [...] negavam todos [a fazer] comentários e especulações sobre a morte de Paulo Dionísio."

Afinal, a imprensa brasileira estava sob censura.

Em Haia, o jornal *Het Vaderland* dedica uma página ao assunto.

"Brasileiro encontrado morto em automóvel – Morte misteriosa de diplomata."

A reportagem reproduz as primeiras informações passadas pelas testemunhas e pela polícia.

Henny Schendel encontra-se em Zug, na Suíça, na noite do dia 4 de agosto e vê pela televisão a notícia da morte de Paulo Dionísio.

Incrédula, a funcionária da embaixada brasileira em Haia decide interromper as férias e viajar na manhã do dia seguinte para fazer companhia a Maria Coeli. As duas tornaram-se amigas desde a chegada dos Vasconcelos à Holanda.

O consulado brasileiro na Alemanha envia ao Brasil manchetes e chamadas estampadas no dia 5 pelos jornais do país.

Der Tagesspiegel: "Diplomata brasileiro encontrado morto. Não se sabe se foi homicídio ou suicídio."

Der Telegruf: "Diplomata assassinado. Não se conhece o assassino."

Nacht-Depesche: "Diplomata assassinado. A polícia não pode afirmar se há razões políticas."

Berliner Morgenpost: "Diplomata encontrado morto. Sobre o assassino e o motivo do ato nada se sabe. Existe possibilidade de suicídio."

Der Abend: "Diplomata brasileiro assassinado na Holanda."

Da embaixada em Oslo, na Noruega, a Secretaria de Estado recebe uma pequena nota de imprensa sobre o caso: "Diplomata assassinado. A polícia holandesa informa que o segundo-secretário Paulo Dionísio Vasconcelos, 35 anos, da Embaixada do Brasil em Haia, foi encontrado em seu carro na estrada entre Haia e Scheveningen. Ele foi assassinado."

36
Primeiros depoimentos

O inquérito nº 6.571/1970, aberto pela Polícia Judiciária de Haia, reúne as declarações das testemunhas. F. Veentra, 20 anos, estudante, domiciliado na Benschoplaan, 12, em Haia, foi interrogado pelo agente municipal de polícia A. Kolff no dia 4 de agosto, por volta das 17h25. Com pequenos cortes e revisões de estilo, segue a transcrição do depoimento:

"Na terça-feira, entre 16h30 e 16h45, minha amiga e eu íamos de bicicleta pela pista ciclística ao longo da Pompstationsweg. A uns 50 metros da Badhuisweg, eu vi um carro esporte, cor verde-escura, estacionado metade sobre a calçada e metade sobre a separação entre a rua e a pista ciclística.

Quando minha amiga, que se chama I. E. Miedema, e eu chegamos ao local de bicicleta, vi imediatamente que se tratava de um carro do corpo diplomático. Antes de chegarmos perto do carro, as portas me pareciam fechadas.

No momento em que minha amiga e eu passamos perto do carro eu vi a porta direita da frente se abrir um pouco e se fechar novamente quando alguns ciclistas desconhecidos passaram pelo carro. Eu achei aquilo estranho e voltei de bicicleta para o carro.

Lá chegando, vi pelo vidro da porta dianteira um homem deitado na frente do banco dianteiro. Vi que era um homem moreno. Estava deitado, sua testa quase encostada na porta direita. Metade deitado sobre as costas e metade sobre o lado direito, ou esquerdo, eu já não me lembro.

Eu não sei se ele usava um casaco. Vi, de qualquer maneira, que sua camisa branca estava cheia de sangue, sobretudo perto do colarinho. Nesse momento, lembrei-me de que minha amiga e eu tínhamos acabado de passar por um policial que se encontrava na rua.

Voltei de bicicleta uns 200 metros. Disse àquele policial que havia visto um homem ferido deitado dentro do carro. Voltei com ele até o automóvel. Quando eu cheguei com o policial, o homem ainda se encontrava na mesma posição.

O policial tomou então todas as outras medidas. Eu não posso lhe dizer mais nada a não ser que a porta se abriu e que não ouvi a vítima pronunciar qualquer palavra. F. Veenstra."

I. E. Miedema, 17 anos, estudante, domiciliada na Ten Hovestraat, 103, em Haia, presta depoimento logo em seguida para A. J. Linssen, agente da Polícia Municipal.

"Eu e meu amigo F. Veenstra íamos pela pista de ciclistas à direita da Pompstationsweg.

Assim que chegamos, entre a Duinroosweg e Badhuisweg, mais perto desta última, vi um carro parado, parte sobre a rua e parte sobre o acostamento. A frente do carro estava virada para a Badhuisweg.

Era um carro verde-escuro, marca Lancia. Não sei se tinha duas ou quatro portas. De qualquer forma, vi que tinha placa CD-491. Quando vi pela primeira vez, não notei ninguém dentro da viatura.

Quando chegamos perto de cinco metros do carro, vi a porta dianteira abrir lentamente. A porta abriu muito pouco, creio que perto de 20 cm.

Além disso, vi dentro do carro, pela porta aberta, uma mão de homem ensanguentada. Vi, igualmente pela porta aberta, a cabeça apoiada no chão do carro.

Meu amigo pensou que o homem estivesse deitado para consertar o carro. Mas eu lhe disse que certamente havia alguma coisa errada, por causa de todo aquele sangue.

Eu vi então que o homem estava deitado na frente do banco dianteiro, com as pernas do lado esquerdo e a cabeça do lado direito. Creio que o homem ainda vivia, porque acho que ele abriu a porta.

Meu amigo voltou imediatamente de bicicleta para falar com um policial que havíamos visto na Pompstationsweg. Eu fiquei ao lado do carro.

Como meu amigo demorou muito, eu também saí atrás da polícia, sem encontrar ninguém nas redondezas. Quando voltei, alguns instantes depois, Frank e o policial já estavam ao lado do carro.

Alguns homens passavam perto deles, ouvi um dizer: 'Eh, eh, até que enfim eis um ônibus'. Efetivamente, um ônibus se aproximava. Acho que os homens devem ter perto de 50 anos e mediam 1,75m.

O policial e F. olharam dentro do carro e ouvi F. dizer que o homem ainda vivia. Alguns momentos depois chegaram outros policiais, bem como o serviço de saúde. I. E. Miedema."

G. D. Sauer, agente da Polícia Municipal de Haia, faz o seguinte relato:

"Na terça-feira, 4 de agosto, por volta das 16h15, eu me encontrava de guarda na rua, uniformizado, de bicicleta, na Pompstationsweg, em Haia. No citado momento, fui abordado por um jovem que, mais tarde, declarou-me chamar-se Frank Veentra, 20 anos, morador da Benschoplaaan, 12.

Esse jovem indicou-me que, na altura do imóvel nº 7, Pompstationsweg, uma mão ensanguentada pendia de um carro estacionado. No mesmo instante, dirigi-me ao local indicado, juntamente com o jovem.

Chegado ao local, pude ver, do lado direito da mencionada via, um automóvel de passeio, marca Lancia, cor verde, licenciada CD-491, estacionado com a frente na direção da Badhuisweg.

Vi que, no assoalho desse automóvel, diante dos lugares da frente, encontrava-se um homem cujas roupas estavam quase inteiramente cobertas de sangue. O homem estava estendido, a cabeça virada na direção da porta direita. Seu corpo repousava sobre o flanco direito, no chão do veículo.

Pude perceber, ao mesmo tempo, que ele ainda se mexia um pouco. Dirigi-me imediatamente à casa 7 da Pompstationsweg, onde informei por telefone a central de emergência. Além disso, apresentou-se a mim, no lugar, como testemunha uma jovem chamada I. Miedema.

Enquanto esperava a chegada dos diversos serviços, mantive o público à distância e cuidei que as duas testemunhas permanecessem ali.

Acrescento, ainda, que a porta da frente, lado esquerdo, não estava inteiramente presa à fechadura e que o vidro da janela estava abaixado.

[...] inquérito estabelecido sob fé de juramento em Haia, aberto e assinado na terça-feira, 4 de agosto de 1970. O agente da Polícia Municipal, [assinatura ilegível]. G.D. Sauer."

As três primeiras testemunhas viram Paulo Dionísio com o corpo tombado dentro do carro.

Um documento escrito por Van Diemen relata os resultados da investigação técnica. Atende a uma solicitação do comissário J. Boltje, chefe da Polícia Judiciária.

No ofício, Van Diemen descreve as circunstâncias em que Paulo Dionísio foi encontrado dentro do Lancia, deitado sobre o flanco direito.

Estava vestido de [casaco] verde, camisa branca – parcialmente desabotoada –, gravata [sem especificar cor], calça verde-escuro, meias e sapatos pretos. O sangue espalhara-se pelas roupas da parte superior do corpo e no chão do automóvel.

Não havia chave na ignição. Da tampa do porta-luvas, pendia um chaveiro. Uma das peças a ele presas, quando testada, mostrou-se perfeita para dar partida no Lancia.

Vestígios de sangue manchavam a tampa do porta-luvas e o painel. Também se notavam traços vermelhos na forração interna da porta dianteira direita e, em particular, na maçaneta interior [não especifica o lado] e nas proximidades.

O inspetor principal experimentou a maçaneta e constatou que funcionava bem e abria a porta com uma simples pressão do dedo. Marcas de sangue foram vistas, ainda, nos assentos dos dois bancos dianteiros.

Na parte superior do painel, havia um par de óculos e uma pequena bolsa com fotografias em cores [não detalha conteúdo das imagens]. Documentos diversos estavam no porta-luvas e um maço, também de papéis, encontrava-se no assento traseiro. Os objetos parecem todos pertencer à vítima.

"Não constatamos qualquer marca de violência ou algo que indicasse que outras pessoas tivessem estado no veículo", escreve o inspetor principal.

Para completar o trabalho, o inspetor ainda dependia dos resultados das perícias e da autopsia. Van Diemen anexou ao processo 15 fotos e um desenho da cena investigada.

Cada foto tem uma legenda explicativa. De modo geral, repetem informações descritas no ofício. O texto da imagem nº 8 acrescenta que, depois de removido o corpo, notou-se uma poça de sangue no chão do carro.

Outro documento, assinado pelo inspetor A. F. M. de Graaf e pelo brigadeiro de polícia T. Postma, descreve o inquérito nº 6.571/1970, instaurado pelas autoridades holandesas para apurar a morte de Vasconcelos.

Graaf e Postma relatam que, na tarde do dia 4 de agosto, estavam de serviço em uma viatura de polícia em Haia. Por volta das 16h40, por "mobilifone", receberam uma chamada do comandante central da polícia com a informação de que um homem gravemente ferido fora encontrado na Pompstationsweg.

No texto preparado para o inquérito, os dois policiais contam que aceleraram a viatura para o local indicado pelo comandante. Lá encontraram o agente G. D. Sauer, que fora avisado sobre a ocorrência pelo casal de ciclistas.

Dentro do carro, o homem se encontrava deitado "praticamente de lado", com a cabeça tombada para a direita e as pernas do lado esquerdo. A cabeça e as roupas se encontravam encharcadas de sangue.

A vítima estava vestida com um terno cinza-esverdeado, uma camisa creme, quadriculada, meias azuis e mocassins pretos, na percepção dos autores do documento.

Na continuação do relatório, Graaf e Postma transcrevem os depoimentos das testemunhas.

37
Laudo

Ainda na noite da terça-feira, o Dr. J. Zeldenrust apresenta o resultado da autópsia no corpo de Paulo Dionísio:

1. "Uma ferida aberta na parte superior do punho esquerdo.
2. Alguns cortes paralelos na parte interior do punho esquerdo.
3. Um corte profundo, bem como dois menores, em cima na parte direita do pescoço."

Esse último ferimento, segundo o laudo, causou a secção de uma artéria, o que teria provocado perda de sangue e levado o diplomata à morte.

Começam a ficar prontos os resultados periciais. Até este momento, nenhum vestígio ou indício de qualquer delito ou crime aparece nas roupas do falecido. O exame datiloscópico efetuado no carro tampouco oferece qualquer resultado útil para a elucidação do caso.

Pelo menos parte das impressões digitais descobertas do lado de fora do carro corresponde às de Paulo Dionísio. Outros sinais não identificados serão levados a exames. Tudo deverá ser colocado à disposição da Justiça.

Buscas realizadas nas redondezas do Lancia não encontraram objetos relacionados à morte do diplomata.

Os depoimentos a seguir foram anexados ao inquérito sem informações sobre o horário da oitiva das testemunhas. No conjunto, sustentam as conclusões finais da polícia sobre a causa da morte do diplomata.

H. J. Hill, 61 anos, viúva de Corbeau, moradora na Gordelweg, 132, Roterdã.

"No dia 4 de agosto, entre 15h30 e 15h45, ia como passageira no carro de minha filha que trafegava na Van Alkemadelaan, em Haia.

Minha filha dirigia o automóvel e eu estava sentada ao lado dela. No cruzamento da Van Alkemadelaan com a Pompstationsweg, deveríamos virar nessa última.

Fomos então ultrapassadas por um Lancia verde-escuro, com placa CD. O condutor desse carro, que estava só, passou por nós pelo lado direito em alta velocidade e virou logo na nossa frente na Pompstationsweg, à esquerda.

Alguns momentos depois, eu vi esse mesmo carro parado na Pompstationsweg, perto da Badhuisweg. Não havia ninguém no carro. Havia, entretanto, um homem com um terno cinza, cabelos escuros, de óculos, perto do carro, simplesmente passeando."

Depois da leitura confirma e assina o rascunho.

M. A. Corbeau, 34 anos, casada com Meuldijk, residente na Badhuisweg, 226.

"Eu ia com meu carro hoje, 4 de agosto de 1970, entre 15h30 e 15h45, pela Van Alkemadelaan com a Pompstationsweg, em Haia.

Minha mãe estava sentada ao meu lado. No cruzamento da Van Alkemadelaan com a Pompstationsweg, fui cortada por um Lancia verde com chapa diplomática.

Eu tenho conhecimento das declarações que acabam de ser feitas por minha mãe. Eu posso fazer a mesma declaração que ela.

Eu vi, alguns momentos depois, o mesmo carro na Pompstationsweg. Mas eu não vi o homem que o dirigia.

Como eu estava dirigindo, não podia prestar atenção. Não posso dizer nada a respeito deste homem.

Posso, entretanto, acrescentar que, alguns minutos depois, após deixar minha mãe em minha casa, eu passei de novo pelo mesmo lugar, para fazer compras e, mais tarde, para voltar para casa.

Tudo isso durou mais ou menos um quarto de hora. Eu vi todas as vezes o Lancia estacionado no mesmo lugar.

Voltando das compras, eu vi um homem sentado na direção do carro. Ele me pareceu estar sentado normalmente, esperando, com uma mão sobre o volante. É tudo o que eu posso dizer.

Nada de especial no carro ou no lugar me chamou a atenção."

Depois da leitura, confirma e assina a declaração no rascunho.

❖

W. J. KUIJPER, 26 anos, sem profissão, morador na Slachthuisstraat, 38b, em Roterdã.

"Eu moro atualmente em Haia, na Kortrijksestraat. Eu passava hoje, 4 de agosto, por volta das 15h45, pela pista de ciclistas, em uma motoneta, na Pompstationsweg.

O tempo que cito não terá erro de mais de um minuto.

Tenho certeza porque tinha de ir a um lugar, onde eu deveria estar em um momento determinado. Eu vi na Pompstationsweg, perto da Badhuisweg, um carro verde, de marca Lancia, com placa diplomática.

Vi um homem sentado no carro. Vi, com efeito, que ele se inclinava ou caía para a direita do lado do condutor. Por assim dizer, eu o vi cair no momento em que passava pelo carro.

Não vi se ele o fez consciente ou inconscientemente. Eu o vi rapidamente quando passava ao lado do carro.

Ele parecia se inclinar para a direita para apanhar alguma coisa no porta-luvas ou, por exemplo, para fazer procurar algo debaixo do banco.

Não vi mais ninguém dentro ou nas proximidades do carro. Não vi, tampouco, qualquer pessoa que se afastasse correndo. Como não notei nada de especial, continuei no meu caminho."

Esta declaração foi feita no rascunho.

38

Sob a poça

Por volta das 23h, o embaixador Eiras e o médico H. Rappard, morador da Pauwenlaan, 119, em Haia, entram na câmara mortuária do escritório central de polícia. Os dois, mais uma vez, reconhecem o corpo de Paulo Dionísio.

Rappard declara-se médico da família do falecido. No mesmo instante, diz aos policiais que não exclui a possibilidade de suicídio do diplomata. Faz essa afirmação, diz o doutor, com base em informações pessoais e no conhecimento adquirido com os Vasconcelos.

No final da noite, o inspetor Van Diemen entra no Lancia. Depois de alguns minutos, o policial encarregado de desvendar a morte de Paulo Dionísio sai do veículo com dois pentes, um lenço e uma lâmina de barbear marca Schick. Repassa, então, esses objetos para o inspetor De Graaf.

A lâmina de barbear, diz Van Diemen, estava escondida sob a espessa poça formada pelo sangue acumulado no chão do carro, diante de um dos bancos da frente.

Nenhum perito vira a peça cortante na vistoria feita no carro no final da tarde.

Por meio de um telegrama, a Secretaria de Estado pede para a embaixada em Haia apressar o envio de informações sobre as investigações. A cúpula do Itamaraty quer mais elementos para divulgar a versão oficial.

Fernando José e Leda Flora de Camargos, sua jovem esposa, entram na balsa no Rio com a intenção de chegar a Niterói. Dezoito dias depois do casamento em Brasília, eles continuam em lua de mel.

Quase sem querer, o irmão de Maria Coeli olha o jornal nas mãos de um passageiro à sua frente. A notícia da morte de Paulo

Dionísio parece saltar da página do periódico. Desse jeito, meio por acaso, Fernando José toma conhecimento da tragédia.

A balsa começa a se deslocar, mas o casal corre e consegue saltar de volta para o porto. As circunstâncias exigem mudança imediata de planos. A lua de mel acaba assim.

As próximas testemunhas tiveram estreita convivência com o segundo-secretário.

O inspetor em chefe C. de Vries e o agente T. Postma se deslocam até a Embaixada do Brasil, na rua Statenlaan, nº 6, na manhã do dia 5. Ouvem o depoimento de Eiras.

O embaixador fala em inglês.

"[Paulo Dionísio] era casado e tinha uma filha. Sua mulher está grávida de uma segunda criança. Inicialmente, ele trabalhava muito bem, mas nas últimas semanas estava muito nervoso.

Ele estava enormemente preocupado por causa de um telefone no seu apartamento no Brasil. Ele alugou esse apartamento, que lhe pertencia, a conhecidos, durante o tempo de sua estada nos Países Baixos.

Nesse apartamento se encontra um telefone estatal, a respeito do qual foram pedidas informações através da embaixada depois da partida para cá de Vasconcelos.

Ele escreveu, a meu pedido, um memorandum a esse respeito. Ele me pediu de volta 12 ou 13 vezes esse memorandum para fazer constantes modificações.

O assunto o preocupava a esse ponto e o tornava tão nervoso que se desinteressava das outras atividades e esquecia muitas coisas. Com diversos membros do pessoal da embaixada ele falava também desse memorandum.

Na sexta-feira, 31 de julho de 1970, uma carta deveria ser enviada a um determinado endereço em Utrecht. De Vasconcelos se esqueceu de enviar essa carta. No dia seguinte, sábado, 1º de agosto de 1970, ele praticamente forçou sua mulher a acompanhá-lo a Utrecht para lá colocar a carta no correio.

Sua mulher teve que dirigir na ida e na volta porque ele estava muito nervoso. Ele se ocupava da Seção Comercial de nossa embaixada e estava criando uma área semelhante em Utrecht.

Na noite do dia 3 para o dia 4, ele telefonou para minha casa. Eu não estava. Ele queria me falar com a maior urgência. Eu não sei o que ele queria me dizer. Não o vi mais com vida.

No dia 4 de agosto, de manhã, mantive uma conversa telefônica com ele. Mais uma vez o assunto foi o do telefone. Estava obcecado. Não sei por que ele suicidou-se."

Declaração feita no rascunho.

Pela primeira vez, uma das autoridades que acompanhavam de perto as investigações diz, no inquérito, que o diplomata se matou. Eiras não revela de onde tirou tal conclusão.

As declarações do embaixador brasileiro são confirmadas aos policiais pelo diplomata Michael Neele.

"Segundo o pessoal, De Vasconcelos voltou para casa no dia 4 de agosto por volta das 13h15. Eu estava em Amsterdã e voltei às 15h à embaixada.

Disseram-me, então, que De Vasconcelos havia telefonado e dito que lhe faltavam certos documentos. Esses documentos estavam na gaveta de minha mesa.

Estava previsto que De Vasconcelos apanharia comigo esses documentos, embora ainda não o tivesse feito. Isso era significativo do estado de espírito em que se encontrava De Vasconcelos.

No fim, ele já não sabia ao certo se havia ou não feito determinada coisa. Quando eu telefonei, sua mulher disse que havia acabado de sair. Não vi mais De Vasconcelos com vida."

Depois de uma interrupção no depoimento, por causa não explicada no processo, Neele volta a dar declarações.

"Eu estou pessoalmente convencido de que foram, ao mesmo tempo, o estado de gravidez de sua mulher, a organização da nova missão comercial, em Utrecht, e as dificuldades que tinha com o telefone que foram demasiadas para De Vasconcelos.

A gravidez precedente foi muito difícil, houve várias complicações e temia-se que desta vez, ainda, as coisas não iriam ser fáceis.

Dado que madame De Vasconcelos, além de nossa língua, falava muito pouco francês e inglês, De Vasconcelos tinha que fazer tudo por ela com os especialistas, médico de família etc.

De Vasconcelos estava muito nervoso a respeito do próximo parto de sua mulher."

Declaração tomada no rascunho.

39
Busca de provas

Maria Coeli amanhece, no dia 5 de agosto, impactada pela crueldade imposta pelo destino. Sob efeito de remédios, encontra-se exausta pela noite maldormida. A temporada de sonho na Holanda termina de forma dramática.

A nova vida, sem o marido, começa com a casa movimentada. Investigadores entram e fazem uma busca na residência. Saem do imóvel com um aparelho de barbear com lâmina, um carregador de energia e duas lâminas sobressalentes.

Tudo marca Schick, a mesma da lâmina apresentada pelo inspetor Van Diemen, segundo o inquérito, depois de fazer vistoria no carro do diplomata.

Ainda na manhã desta quarta-feira, a polícia holandesa volta à Pompstationsweg para fazer mais uma varredura, minuciosa, na área onde o Lancia estava parado com Paulo Dionísio, ao lado do parque. Cães farejadores percorrem as proximidades do automóvel.

Henny Schendel sai do hotel em Zug no início da manhã e acelera o carro pela autoestrada rumo a Haia. Viaja o dia todo e, no início da noite, estaciona na rua Zwanenlaan. Encontra Maria Coeli no térreo. A casa está cheia de gente da embaixada.

A viúva chama a amiga Henny para conversar no piso superior. Abalada, fala sobre o estado de espírito de Paulo nas últimas semanas. Revela a ida ao médico e o remédio receitado. Diz que pressentiu a morte do marido na despedida, depois do almoço.[25]

---

25 Entrevistas de Henny Schendel e Maria Coeli de Vasconcelos ao autor em 2016.

Os pais de Maria Coeli chegam a Haia nesse mesmo dia para organizar o retorno ao Brasil da filha, da neta e do corpo do genro. A viúva, mesmo abatida pela perda, tem pela frente uma longa viagem, ainda mais arriscada para quem está às vésperas de dar à luz um bebê.

❖

Mais uma testemunha surge no inquérito sobre a morte do diplomata, ouvida pelo agente Postma. O processo transcreve o depoimento sem registrar a data, a hora e o local.

A. J. KAPAAN, 28 anos, representante, morador do barco-casa Mirabell, amarrado no Galgewater, em frente ao imóvel nº 16, em Leiden, fez as seguintes declarações:

"Na terça-feira, às 15h50, eu tinha parado meu carro à sombra de umas árvores na Pompstationsweg, em Haia, com a frente virada para Van Alkemadelaan.

Eu tinha encontro às 16h na Stadhouderslaan, em Haia. Eu tinha colocado o carro entre a Badhuisweg e a rua seguinte [nota do agente: trata-se da Duiroosweg].

Depois de estar parado alguns instantes e de ter tomado algumas notas, eu percebi que um carro escuro, com chapa diplomática, passava pela Pompstationsweg, em direção à Badhuisweg.

Acho que era um carro da marca Alfa, mas não tenho certeza. De qualquer maneira era um carro de cor escura. Não sei o número da chapa.

Só o condutor estava no carro. Na medida do que pude ver, não havia mais ninguém no carro.

Eram mais ou menos 15h35 nesse momento. Às 15h45 eu saí. Passei inicialmente pela Pompstationsweg, na direção da Van Alkemadelaan e voltei no primeiro retorno. Em seguida, passei pela Pompstationsweg na direção da Badhuisweg.

Vi, então o carro chapa CD que havia visto passar algum tempo antes pela Pompostationsweg. Estava parado a uns 100 metros da Badhuisweg.

O motorista estava sentado ao volante, com a cabeça apoiada no vidro do lado esquerdo.

O homem tinha o cabelo escuro e a pele azeitonada. Só vi o homem no carro e continuei (pela rua) sem prestar atenção.

Quando, no dia seguinte, 5 de agosto de 1970, li no [*De*] *Telegraaf* o que tinha se passado em Haia e vi a fotografia do carro, notei imediatamente que era o homem do carro que eu tinha visto.

Informei, então, minhas constatações à polícia de Haia, por telefone.

Depois da leitura, confirma e assina no rascunho.

A. J. Kappaan*"

O nome dessa testemunha aparece seguido de um asterisco, como digitado acima. Não há explicação no inquérito para essa sinalização.

A Secretaria de Estado do MRE envia dois telegramas para a Delegacia do Tesouro em Nova York. As mensagens autorizam a liberação de dinheiro para despesas relativas à morte do diplomata. Do total da verba disponibilizada, US$ 4.646,22 destinam-se a gastos com transporte, US$ 2.880,72 para ajuda de custo e US$ 1.541,39 relativos a auxílio funeral.

Cabe ao embaixador Eiras sacar o dinheiro e, depois, responsabilizar-se pela quitação das contas da família Vasconcelos.

40
Oficial

Um boletim oficial divulgado no dia 5 de agosto anuncia o desfecho da Polícia Militar para o caso Paulo Dionísio. Ao tornar público o resultado da investigação, o inspetor em chefe de Haia, Walter van Andel, concede entrevista coletiva.

"As circunstâncias nos obrigam a afastar totalmente a possibilidade de um crime. Somos de parecer de que se trata de um suicídio", afirmou Van Andel, segundo o noticiário das agências internacionais usadas pelos jornais brasileiros.[26]

---

26 "Haia confirma o suicídio de brasileiro", *Jornal do Comércio*, 6 de agosto de 1970.

Os responsáveis pela investigação, então, concluem pelo suicídio do diplomata.

As autoridades holandesas ignoram a embaixada brasileira na divulgação das conclusões sobre a morte do segundo-secretário. Eiras consegue uma cópia do comunicado oficial com um jornalista presente na entrevista coletiva da polícia.

Ainda na noite do dia 5, o embaixador envia à Secretaria de Estado um telegrama "urgentíssimo" sobre o resultado das investigações, obtido com o amigo da imprensa.

A mensagem faz um resumo das circunstâncias em que o diplomata foi encontrado na Pompstationsweg. Descreve o corpo ensanguentado e os ferimentos no pulso e no pescoço. Reconstitui o trabalho da polícia de Haia e cita algumas testemunhas.

No carro, nas primeiras buscas, os peritos encontraram apenas objetos particulares, nenhuma carta ou "documento de caráter político", enfatiza o chefe da representação brasileira na Holanda. Eiras cita a lâmina apresentada mais tarde pela polícia, destaca o nervosismo de Paulo Dionísio e faz uma referência ao padre "amigo do casal Vasconcelos".

O relato enviado por Eiras à Secretaria de Estado termina com a solução do inquérito policial. A seguir, o último trecho da mensagem, transcrito na linguagem dos telégrafos, como no original:

"Conclusao bipt suicidio vg excluida hipotese de atentado etde qualquer motivacao politica pt a policia continua vg entretanto vg suas investigacoes vg pois pelo menos trinta pessoas telefonaramlhe para prestar testemunho [Conclusão: Suicídio, excluída a hipótese de atentado e de qualquer motivação política. A polícia continua, entretanto, suas investigações, pois pelo menos 30 pessoas telefonaram-lhe para prestar testemunho]."

Na entrevista coletiva, a polícia explica como concluiu – em menos de 24 horas – que Paulo Dionísio se matou. A dedução tem por base a lâmina de barbear apresentada pelo inspetor Van Diemen e os interrogatórios das testemunhas. Com o objeto cortante, entendem os investigadores, Paulo Dionísio seccionou uma artéria e morreu em decorrência da hemorragia.

Esses depoimentos, afirma o porta-voz da investigação, revelaram que, nos últimos dias, o diplomata demonstrou nervosismo e depressão. Todas as pessoas que viram Paulo Dionísio nos instantes finais de vida afirmaram que ele estava sozinho.

Desde o início, afirma o policial, a existência de cortes nos pulsos e a ausência de sinais de luta sugeriam suicídio. Sem uma arma no local, no entanto, não havia como comprovar essa hipótese.

O surgimento da peça de barbear resolve a questão, na interpretação das autoridades holandesas.

Com o desfecho apresentado pela polícia, Eiras também conversa com jornalistas. O embaixador declara que Paulo Dionísio andava deprimido havia pelo menos três semanas. Diz à imprensa que não sabia o motivo, conforme publicado no dia 6 de agosto pelo *Correio da Manhã*.

A mãe do diplomata, Dona Baíca, segundo o matutino, encontra-se de cama desde a notícia da morte do filho. Um médico a acompanha o tempo todo.

Ao excluir "qualquer motivação política" na morte de Paulo Dionísio, a polícia de Haia contempla as necessidades mais imediatas dos governos do Brasil e da Holanda. O chanceler Gibson Barbosa tem uma crise a menos para administrar.

Até a conclusão do desfecho do inquérito, as investigações duraram pouco mais de 24 horas. Mobilizaram 40 agentes, segundo *O Globo* do dia 6 de agosto.

A polícia holandesa e o Itamaraty continuam a realizar interrogatórios para esclarecer melhor as motivações do gesto que Paulo Dionísio teria cometido.

Os esforços concentram-se, agora, na reconstituição do modo de vida do diplomata e de seus contatos pessoais. O texto de *O Globo* estimula dúvidas em relação ao desfecho do caso, encerrado com base na identificação de "dificuldades de ordem pessoal".

"Essa fórmula bastante vaga satisfizera as autoridades religiosas e permitirá ao diplomata ter funerais religiosos. Naturalmente, resta aos amantes do mistério a tarefa de determinar quais são essas dificuldades [...]."

O Globo chama a atenção para aspectos que, segundo o jornal, confrontam o diagnóstico de depressão. Casado com uma "jovem encantadora, da melhor sociedade do Brasil", pai de uma filha de dois anos e à espera de mais um criança, o diplomata desfrutava de uma vida conjugal classificada de "excelente" pelo porta-voz da polícia, diz o periódico carioca.

De acordo com *O Globo*, o policial "fugiu do assunto" ao ser interrogado sobre a possiblidade de Paulo Dionísio sofrer alguma chantagem. O segundo-secretário também não tinha dúvidas, de acordo com a polícia.

Paulino Cícero telefona mais de uma vez para a cúpula do Itamaraty e contesta o resultado das investigações.

"Não existem motivos para suicídio", afirma o irmão de Paulo Dionísio, segundo o *Estado de Minas*.

Nessas conversas, Paulino Cícero cria a expectativa de que o ministério divulgará uma nota com questionamentos sobre as conclusões da polícia.

Os jornais da Alemanha voltam ao caso de Haia no dia 6.

Berliner Morgenpost: "Supõe-se suicídio. A polícia holandesa afirma que existem possibilidades de suicídio. O diplomata tinha problemas pessoais. Razões políticas aparentemente não existem."

Nacht-Depesche: "Foi suicídio. Além do corte profundo no lado direito do pescoço por navalha, como declarou a Polícia,

descobriram-se mais dois pequenos cortes no pulso da mão direita. Isto leva a Polícia Criminal a crer em suicídio."
B.Z.: "Foi suicídio."

Eiras faz um aditamento do telegrama da noite do dia 5. Aborda o comportamento de Paulo Dionísio nos últimos meses. Antes de apresentar ataques de nervosismo, diz o embaixador, o segundo-secretário mostrava-se uma pessoa calma, discreta e reservada, "perfeitamente normal".

Surgiu, então, o problema do telefone no apartamento em Brasília, e o diplomata começou a agir de forma diferente.

O embaixador ressalta as preocupações excessivas de Vasconcelos com os esclarecimentos pedidos pela Secretaria de Estado em relação ao aparelho. O telegrama relata também os sucessivos memorandos explicativos preparados – e, logo, descartados – pelo subordinado para responder às cobranças dos superiores.

"Sempre tentei tranquilizá-lo. A meu ver, o caso carecia de qualquer gravidade", afirma Eiras.

O embaixador conta que o último contato entre os dois fora no dia anterior, pela manhã, quando o segundo-secretário ligou para sua casa e, mais uma vez, insistiu em conversar sobre o telefone de Brasília. Avisou que, à tarde, faria mais uma modificação no texto.

Essa alteração não chegou a acontecer, pois o subordinado não retornou mais à embaixada. A última versão da resposta de Paulo Dionísio seria remetida ao Brasil na próxima mala, informa Eiras.

Sobre o comportamento recente do segundo-secretário, o embaixador revela que, na noite anterior, também conversara com Maria Coeli. Soube, então, que ela levara o marido a um médico para que ele tomasse um calmante.

No telegrama, Eiras recorda, mais uma vez, o episódio em que Paulo Dionísio esquecera-se de colocar uma carta no correio e, por causa disso, fizera uma viagem tensa a Utrecht. Menciona, também, a desnecessária apreensão do segundo-secretário com um documento que pensava ter perdido e que, na verdade, encontrava-se na gaveta de um colega na embaixada.

Os fatos relatados por Maria Coeli, afirma o embaixador, autorizam-no a admitir que a morte do subordinado tenha sido consequência de "um súbito agravamento do estado de depressão nervosa que o teria levado a um presumido suicídio".

Depois de encerrar o relato com essas palavras, Eiras avisa que continuará informando a Secretaria de Estado sobre as investigações.

Pomona Politis conhece bem o Itamaraty. Ex-mulher do diplomata e poeta Thiago de Mello, a jornalista mantém fontes de informação no MRE e antecipa muitas notícias desse meio. Conhecida na *high society* carioca, circula entre os grã-finos e participa de júris de concursos de miss.

Na noite do dia 5, Pomona atualiza as notícias de Haia para a edição do dia seguinte do *Diário de Notícias*. Aproveita para retificar a versão de assassinato, publicada na última edição.

"Paulo Dionísio seguiu ao [sic] pai no gesto extremado", diz o título do dia 6 da coluna, escrito em duas linhas. Com informações repassadas a repórteres pelo embaixador Eiras, Pomona destaca uma "crise violenta" de depressão do segundo-secretário.

A jornalista resgata a tragédia ainda recente vivida pela família Vasconcelos: "Faz poucos anos, o médico mais estimado e prestigioso de São Domingos do Prata [...] pôs fim à vida [...] provocando, com sua atitude desmedida, consternação geral."

Na sequência de sua coluna, Pomona divulga manifestações de pesar de amigos e colegas de Paulo Dionísio no Itamaraty. Ressalta, também, o reencontro entre o diplomata e Maria Coeli em 1967.

"Colegas [...] lembram da alegria de Paulo Dionísio ao se reconciliar com a namorada em Brasília [...] linda mulher, preparada [...]", escreveu a jornalista.

Pomona publica nesse mesmo dia uma nota sobre a "situação difícil" enfrentada por diplomatas brasileiros na Holanda por causa das ações de "um grupo de esquerda" que sabotaria todas as iniciativas relacionadas à América Latina – em especial ao Brasil.

Essa é uma referência aos ativistas que se manifestam contra as ditaduras militares e dificultam, com denúncias, as relações desses países com as democracias europeias. Três meses antes, diz Pomona, o Brasil não conseguiu montar na Holanda uma exposição de artes plásticas – fato não tratado por Paulo Dionísio em seu diário.

Gibson Barbosa, o chanceler, volta dos Estados Unidos para o Brasil. Pomona revela novidades sobre o sequestro do cônsul no Uruguai.

"A última de Montevidéu: Tupamaros executarão cônsul brasileiro e funcionário norte-americano caso não lhe deem os 150 presos até segunda-feira próxima", atualiza a jornalista.

Em Belo Horizonte, o *Estado de Minas* reconstitui a trajetória do diplomata com raízes no estado.

"De São Domingos a Haia, a vida de Paulo Dionísio", diz o jornal.

O texto descreve a trajetória do menino nascido em Dionísio, onde os pais moraram antes de se mudarem para São Domingos do Prata.

A falta de informações oficiais sobre as conclusões da polícia causa mal-estar no governo brasileiro. Os relatos enviados pela embaixada baseiam-se no comunicado entregue à imprensa.

No dia 6, a Secretaria de Estado pede em telegrama que a representação em Haia interceda junto às autoridades holandesas. A cúpula do Itamaraty reclama outra vez o recebimento dos resultados da investigação antes que sejam divulgados para outros setores.

Até esse momento, as notícias chegaram primeiro para jornalistas.

Os familiares do segundo-secretário também acumulam queixas. Decididos a enterrar Paulo Dionísio no Brasil, não têm o atestado de óbito dois dias depois de sua morte. A burocracia holandesa retarda a liberação do corpo.

O chanceler Gibson Barbosa envia, de Brasília, telegrama para Maria Coeli. Manifesta "profundo pesar" pela morte de Paulo Dionísio.

41
Intérprete

Os agentes C. de Vries, C. de Graaf e Postma comparecem à residência de Maria Coeli na tarde do dia 6 de agosto, um dia depois de divulgadas as conclusões das investigações. Um homem apresenta-se como Johannes Stroomer, padre e confessor da família do morto. Iniciam o interrogatório da viúva às 17h30.

Stroomer assume o papel de intérprete. O depoimento transcrito a seguir corresponde à tradução feita pelo religioso.

Maria Coeli ALMEIDA, 28 anos, "depois de ter sido informada de todos os acontecimentos", declara em língua portuguesa:

"Nós voltamos de férias há mais ou menos quatro semanas. Desde então meu marido estava muito nervoso. Eu não sei o que o contrariava.

Ele estava em um estado de superexcitação. Tinha-se tornado briguento, estava frequentemente fatigado e ficava fora de si pelas coisas mais anódinas. Ele sofria de angústia.

Não notei que as dificuldades referentes ao telefone instalado em nosso apartamento no Brasil o afetassem mais do que outras coisas. Ele podia fazer de um nada um problema enorme.

Ele estava encarregado, principalmente, dos assuntos referentes a uma exposição em Utrecht.

Na última sexta-feira, ele esqueceu de colocar uma carta no correio. No sábado seguinte, ele queria levar pessoalmente a carta.

Ele queria que eu acompanhasse. Foi o que fiz. Nós levamos nossa empregada, uma amiga e nossa filha.

No início ele dirigiu, mas depois de pouco tempo pediu que eu tomasse a direção do carro. Ele se sentia muito cansado. Eu, então, dirigi até Utrecht. Depois que a carta foi entregue, eu dirigi de volta até nossa casa.

Na terça-feira, 4 de agosto, ele saiu para a embaixada por volta das 10h30. Eu lhe disse que, na medida do possível, colocasse ordem nos assuntos referentes à exposição de Utrecht, a fim de que pudesse ficar em casa à tarde.

Por volta das 14h, ele voltou. Estava muito cansado e não quis comer a refeição preparada pela empregada. Então preparei seu prato preferido e o convenci a comer. Foi o que ele fez.

Por volta das 15h30 do mesmo dia, não consigo me lembrar do momento exato, ele foi de novo para a embaixada. Disse que voltaria por volta das 18h. Ele não tinha hora fixa de trabalho.

Algumas vezes ele chegava muito tarde, por volta das 20h. Outras, muito cedo. Notei que, quando ele saiu, se despediu de mim de uma maneira muito carinhosa. Antes de sair ele pegou, ainda, um comprimido calmante. Ele saiu sozinho."

Declaração tomada em rascunho.

Maria Coeli ainda não sabe que o marido morreu com um corte no pescoço. Muito menos que a polícia concluiu por suicídio. Tem apenas a versão da batida de carro.

Ato contínuo, os três agentes interrogam o padre.

J. Stroomer, 67 anos, padre, morador da Laan Copes, nº 70, em Haia, declarou o seguinte:

"Eu trabalhei como missionário no Brasil por 31 anos. Durante essa época, eu conheci superficialmente a família do falecido e de sua mulher.

Eu estou nos Países Baixos há quatro anos. Estive em contato com o falecido e com sua mulher desde o dia de sua chegada a Haia.

Passei a conhecê-lo como um homem simples, sério e equilibrado, que amava profundamente sua mulher e sua filha. Era um casamento bom.

Na terça-feira, 28 de julho de 1970, sua mulher me telefonou. Ela me pediu para rezar pela vítima, porque ele tinha um problema muito sério. Antes desse dia eu não havia notado tensão.

Fiquei impressionado quando o vi no domingo, 2 de agosto, depois da santa missa. Ele tinha aspecto doentio. Nós conversamos um pouco.

Sua mulher e ele me disseram, então, que não era o parto iminente que o preocupava, mas um problema pessoal.

Quando lhe perguntei o que era, ele me disse que era de natureza pessoal, ligado ao trabalho. Ele e sua mulher insistiram que eu rezasse por ele, porque era um assunto muito sério.

Assim que eu soube do falecimento, meu primeiro pensamento foi: espero que não seja suicídio."

O chefe do Departamento de Administração do MRE, Raul de Vincenzi, envia uma carta de duas páginas a Paulino Cícero. Na mensagem, o diplomata repassa ao deputado as informações recebidas da embaixada em Haia.

Em resumo, Vincenzi escreve que a polícia concluiu que Paulo Dionísio viajava sozinho no carro. Antes, ultrapassara uma senhora pelo lado direito. Fora visto saindo do carro, no mesmo local, antes de ser encontrado morto.

Depois, ao passar, outra pessoa notara quando o segundo-secretário tirava algo do porta-luvas.

Os exames constataram um "ferimento profundo, de oito centímetros de comprimento" do lado direito do pescoço e mais "dois pequenos ferimentos" no pulso esquerdo.

Vincenzi cita a lâmina apresentada pela polícia e um "problema pessoal, de natureza não revelada", que deixara Paulo Dionísio nervoso nas últimas três semanas.

"Considerando todos os fatos e circunstâncias, a polícia de Haia afastou, na fase atual das investigações, qualquer hipótese de atentado ou acidente involuntário", escreveu o chefe do Departamento de Administração.

Mais de 30 pessoas prontificaram-se a testemunhar, diz o texto. As investigações ainda não estão encerradas.

Por fim, em nome pessoal e do Itamaraty, De Vincenzi assegura a Paulino Cícero que "todas as providências foram tomadas" para que a família do falecido não careça da "indispensável assistência nessa hora tão difícil".

Os colegas do Instituto Rio Branco reagem com perplexidade à conclusão da polícia. A ideia de suicídio não combina com o espírito alegre e positivo de Paulo Dionísio. No pensamento do ex-colega José Viegas Filho,[27] o rapaz afável e bem-humorado não demonstrava pendor para suicídio.

Diplomatas que acompanham o caso de longe, como Celso Amorim, ainda se chocam com a descrição macabra da cena final, com sangue e cortes espalhados pelo corpo. Não encontram explicação para a perda precoce.

Miguel Paranhos do Rio Branco ocupa, desde abril, a chefia da Delegação do Itamaraty na Guanabara, nome do antigo estado que abrigava o Rio de Janeiro.

O embaixador deixou a Guatemala, onde hospedara Paulo Dionísio, para assumir a representação do Itamaraty na antiga capital, esvaziada de diplomatas com a mudança para Brasília.

Ao tomar conhecimento das conclusões da polícia de Haia sobre a morte do amigo, Rio Branco escreve uma carta para o ministro Mario Gibson Barbosa.

"Meu caro Mário, você me conhece há quase trinta anos e sabe muito bem da minha franqueza algumas vezes muito rude. Por isto, venho ponderar-lhe algumas das razões que me fazem duvidar da versão dada pela polícia holandesa do suicídio de Paulo Dionísio."

---

27 Entrevista por e-mail com José Viegas Filho, dezembro de 2016.

Na opinião de Rio Branco, a polícia de Haia parece interessada em liquidar rapidamente o caso. Como existe, segundo o embaixador, uma atitude "antibrasileira" na Holanda – referência às manifestações –, as autoridades parecem preocupadas em encerrar logo os procedimentos para evitar "possíveis complicações".

Rio Branco traça a personalidade do diplomata mineiro, por quem adquiriu uma "amizade fraterna" no tempo em que o hospedou na Guatemala. Paulo Dionísio é descrito como um sujeito simples, honesto e que se definia como "matuto". Ele não demonstrava qualquer preocupação com a vida, anota o embaixador.

"Era homem absolutamente normal, não bebia quase, tinha alergia ao jogo, não me pareceu adepto de maconha ou de outros produtos similares nem disposto a viver correndo atrás de saias."

Em quase duas páginas de texto, Rio Branco lista alguns questionamentos em relação às conclusões do inquérito policial tornadas públicas na véspera.

"Quem corta os pulsos ainda terá forças para, com uma lâmina de barbear, cortar a carótida?"

Sobre a lâmina, o embaixador ressalta o fato de o objeto somente ter sido encontrado horas depois de realizada a perícia. A coincidência de marcas tampouco impressiona o diplomata, pois as opções disponíveis no mercado são poucas e os homens usam quase sempre os mesmos modelos.

"Tudo isso não são talvez mais do que elucubrações ditadas pela amizade que tive para com Paulo", pondera o diplomata no penúltimo parágrafo.

A única finalidade, explica, é sugerir que se exija das autoridades policiais holandesas uma série de esclarecimentos indispensáveis. No final da carta ao ministro, Miguel do Rio Branco aponta o que considera uma falha grave na investigação.

Na avaliação do embaixador, a declaração de uma das testemunhas que diz ter visto Paulo Dionísio pouco antes de morrer é "absolutamente falsa". Refere-se ao homem que afirma que, ao passar de motoneta pela Pompstationsweg, viu quando o diplomata mineiro inclinou-se e tirou algo do porta-luvas.

"Isso é totalmente ridículo, pois mesmo se passando a pé se torna impossível verificar o que um homem está fazendo no interior de um automóvel. Enfim, tudo isso me cheira mal", diz o embaixador Rio Branco.

Palavras do neto do Barão.

42
Terminado e assinado

As autoridades holandesas demandam três dias para expedir o atestado de óbito de Paulo Dionísio. O papel, com data do dia 7 de agosto, é assinado por um auxiliar do Registro Civil. Carimbado e selado ao custo de 2 florins – mais 5 florins de despesas burocráticas.

No mesmo dia, a polícia libera o carro e os objetos pessoais do diplomata morto. O corpo ainda permanece sob a responsabilidade dos holandeses e depende de uma autorização do procurador do rei para ser entregue à família.

Jan van Diemen finaliza o trabalho nessa mesma sexta-feira. Três dias depois de receber uma missão delicada, o inspetor principal da polícia de Haia, sob juramento, encerra a investigação técnica.

Esses últimos procedimentos são descritos no relatório final do processo, "terminado e assinado" no dia 10 de agosto. Inspetores e agentes envolvidos na investigação avalizam as conclusões. O documento tem visto de J. Boltje, chefe da Polícia Judiciária.

Muito rápida, a polícia holandesa resolve o caso antes mesmo da liberação do corpo.

Cabe a Henny Schendel a tarefa de buscar o Lancia no estacionamento da polícia. Ao entrar no carro, a funcionária da embaixada sente o forte mau-cheiro exalado pelas manchas de sangue ressecado no interior do automóvel.

Henny levou o carro até a casa dos Vasconcelos.

A empresa funerária Simplicitas forneceu o caixão com uma espécie de cápsula de zinco embutida.

O defunto jaz em um necrotério holandês, embalsamado. Veste uma túnica branca do pescoço até os pés. Forrado com seda, o caixão ostenta uma cruz em cima da tampa.

Esses serviços custaram 1.532 florins.

O procurador do rei, A. W. Rosingh, autoriza a liberação do corpo de Paulo Dionísio no sábado, 8 de agosto. Na tarde do mesmo dia, Maria Coeli embarca em um avião em Amsterdã para uma cansativa e arriscada viagem de volta ao Brasil.

43
Retorno

Com quase nove meses de gravidez, o bebê pode nascer a qualquer momento. No retorno ao Brasil, a viúva tem a companhia da mãe, do pai e da filhinha, Manoela. O destino final é Belo Horizonte, local do enterro de Paulo Dionísio.

O corpo do marido segue em outro voo, para Frankfurt. Na cidade alemã, é embarcado em um avião, da empresa Varig, para o Rio de Janeiro.

Há risco real de que o bebê nasça na viagem. Durante boa parte do percurso, Maria Coeli permanece sentada, com os pés para cima e as pernas apoiadas por um comissário de bordo. Vive um drama nunca imaginado, despenca de uma realidade privilegiada para um futuro incerto.

Os planos para morar em muitos países ao lado de Paulo Dionísio não mais existem. Não terá os objetos comprados para encher o baú. Não conheceu o Mauritshuis; não brincará na neve com o marido.

Durante a noite, enquanto os pais dormem, pega um jornal distribuído a bordo. Lê no periódico que Paulo Dionísio foi morto com um corte no pescoço de cinco centímetros de profundidade.

Então, não foi um acidente de carro.

Eiras envia um telegrama urgente à Secretaria de Estado, com a recomendação de que sejam deixadas ambulâncias de prontidão nos aeroportos do Rio de Janeiro e da capital mineira.

A Embaixada do Brasil em Roma manda ao aeroporto uma comitiva formada por dois médicos e dois diplomatas. O avião da empresa holandesa KLM, que saiu de Amsterdã, desce em Zurique, na Suíça, onde a família pega outra aeronave, da Varig. Essa faz escala em Roma e chega ao Rio de Janeiro no domingo, ao amanhecer.

O Itamaraty pede às autoridades responsáveis pelo Aeroporto do Galeão que sejam oferecidas todas as facilidades possíveis para o rápido desembarque da gestante e sua família. Na hipótese de atraso do voo procedente da Europa, empresas aéreas devem ser preparadas para fazer o transporte da família até Belo Horizonte.

Como previsto, o voo 837 da Varig aterrissa no Galeão às seis da manhã de domingo. Cabe a Miguel Paranhos do Rio Branco, em nome do MRE, aguardar na passagem pelo Rio a família do amigo morto.

Na função de chefe da Delegação do Itamaraty na antiga capital, Rio Branco tem a incumbência de apoiar a viúva, a filha e os sogros de Paulo Dionísio. Cumpre a missão na companhia da mulher, Elza, que também se afeiçoara ao hóspede na Cidade da Guatemala.

Enquanto um despachante cuida da liberação da bagagem, ficam todos em uma sala reservada. Um médico e uma enfermeira acompanham a ambulância que leva os viajantes até o embarque, no Aeroporto Santos Dumont, para Belo Horizonte. O voo 200 da Cruzeiro do Sul decola às 10 da manhã.

Em relatório, Rio Branco afirma ter sido informado pelo deputado Manoel de Almeida de que Maria Coeli fizera ótima viagem. O parlamentar, segundo o diplomata, agradece ao ministro das Relações Exteriores pelas atenções recebidas no Rio de Janeiro.

Rio Branco volta ao Galeão na manhã da segunda-feira, 10 de agosto, para receber a urna funerária com o colega morto em Haia. Outros quatro diplomatas integram a comitiva. O corpo chega no voo 825, da Varig, procedente de Frankfurt.

O deputado Paulino Cícero encontra-se no aeroporto no momento que o caixão chega ao solo brasileiro. Tem à disposição o avião PT-DEL, da Líder, fretado pelo governo do estado de Minas Gerais para fazer o traslado de Paulo Dionísio. Embarca junto com o corpo do irmão rumo a Belo Horizonte.

Paulino Cícero envia agradecimentos ao ministro das Relações Exteriores pela colaboração do Itamaraty em circunstâncias tão dolorosas.

O relatório burocrático escrito pelo embaixador Rio Branco sobre a passagem da família e do corpo omite o profundo pesar sentido pela morte do amigo.

Elza e Miguel do Rio Branco carregam o trauma da violência contra diplomatas. Em agosto de 1968, quando ainda servia na Guatemala, o embaixador recebeu uma carta que o apontava como a próxima vítima da guerrilha local. Um dia antes, o embaixador dos Estados Unidos no país da América Central, John Gordon Mein, fora morto durante tentativa de sequestro.

Em abril de 1970, Rio Branco fez parte de um grupo de 30 diplomatas que se reuniam para tentar salvar a vida do embaixador da Alemanha, Karl von Spreti. No meio das negociações, o embaixador brasileiro foi removido para o Rio. Tomou conhecimento da morte do representante alemão depois que chegou ao Brasil.

Poucas horas antes do desembarque do caixão de Paulo Dionísio no Brasil, na mesma segunda-feira, o corpo de Dan Mitrione aparece amarrado e amordaçado, com dois tiros na cabeça, no banco traseiro de um carro roubado.

O governo uruguaio não negociou com os Tupamaros a reivindicação de libertar 150 presos políticos.

Como retaliação, os guerrilheiros eliminaram Dan Mitrione. Termina, assim, a trajetória do professor de tortura mandado pelos Estados Unidos para assessorar as ditaduras da América Latina. Aloysio Gomide, o cônsul em Montevidéu, permanece prisioneiro do grupo guerrilheiro uruguaio.

❖

Concluídas as providências, a Polícia Judiciária junta os documentos relativos à ocorrência da Pompstationsweg. O inspetor em chefe da polícia C. de Vries, o inspetor A. F. M. de Graaf e o brigadeiro da Polícia Municipal T. Postma escrevem o inquérito. C. de Vries faz a revisão das 21 páginas do documento.

O cabeçalho do inquérito registra que o conteúdo da documentação foi discutido com o procurador do rei A. W. Rosingh. O comissário de polícia J. Boltje dirige os trabalhos de organização do processo.

Para a polícia, o caso está encerrado. Os governos do Brasil e da Holanda dispõem de explicações oficiais para a opinião pública internacional.

A revista *Fatos e Fotos* dedica quatro páginas a Paulo Dionísio. Sob o título "A morte do diplomata que amava a vida", o semanário publica uma série de fotos do álbum de família, como lembranças do dia do casamento e da festa de Carnaval em Haia. Tem também uma imagem do Lancia cercado de homens de terno.

O texto dá ênfase às dúvidas em torno da causa da morte. "A polícia da Holanda afirma que o diplomata suicidou-se. Mas a família não acredita."

44
A reportagem continua

O *modus operandi* dos holandeses – amparado em perícia e interrogatórios – lembra a investigação da polícia francesa em *Os crimes da rua Morgue*. Em certa medida, a conclusão do inquérito em Haia causa quase tanta surpresa quanto a presença de um orangotango na madrugada parisiense.

Na história real, a lâmina apontada como a arma usada na morte de Paulo Dionísio – anunciada como um suicídio – demandou quase 20 horas para ser apresentada à imprensa pelas autoridades. Reforçada pelo ambiente político brasileiro e internacional, essa circunstância fomentou, dentro do Itamaraty e na família, questionamentos em relação ao trabalho policial.

Ao cabo da investigação, a explicação oficial para a morte do diplomata encontra-se no fundo de uma poça de sangue. Esse resultado, literalmente, contraria um preceito observado pelo detetive Dupin: "A verdade não está sempre dentro de um poço", ensina o personagem nas reflexões em torno da morte das duas mulheres em Paris.

Nesse sentido, aprofundar-se em demasia no fato analisado pode enfraquecer a visão, alerta o detetive. Esse método impede a identificação de elementos da superfície, muitas vezes necessários para o esclarecimento de uma ocorrência.

Vale a pena inspirar-se no protagonista de Poe para acompanhar os desdobramentos da morte de Paulo Dionísio.

Os romances policiais, em geral, terminam com os casos esclarecidos. Nas histórias reais, muitas vezes, não se descobre com exatidão o que aconteceu.

Mesmo quando a Justiça condena um assassino – como se deu com Lee Oswald, pela morte em 1963 do presidente dos Estados Unidos, John Kennedy –, as investigações oficiais deixam margem para especulações e teorias conspiratórias.

Um fenômeno assim ocorrerá no Brasil, em junho de 1996, com a morte de Paulo César Farias, ex-tesoureiro da campanha para presidente de Fernando Collor de Mello. Os conflitos entre as versões das polícias e dos peritos e as decisões contraditórias da Justiça impedirão a compreensão pelo público das reais circunstâncias do assassinato.

As observações do detetive Dupin suscitam curiosidades relacionadas às investigações policiais de Haia e à atuação do Itamaraty. Instigam a busca de erros das autoridades na condução do caso.

O processo apresenta as informações de forma ajustada e detalhada, perfeita para encerrar uma investigação. Com exceção de alguns horários contraditórios, cada depoimento tem um pedaço da história encaixado com precisão nas declarações dos outros. No conjunto, são complementares.

A pressa das autoridades para encerrar o caso, no entanto, deixa pontos de interrogação no trabalho policial. Na finalização de inquéritos, recomenda-se prudência, sobretudo em casos de mortes sem explicações evidentes.

Impressões colhidas em menos de 24 horas podem significar eficiência, mas correm o risco de levar a conclusões equivocadas. O prazo exíguo restringe o campo de análise e impede a observação de aspectos relevantes do contexto geral.

Investigações açodadas deixam explicações pela metade e sujeitam-se com certa facilidade a questionamentos. Basta o surgimento de um fato novo.

Algumas falhas no inquérito foram identificadas pelo embaixador Rio Branco na carta escrita ao ministro Gibson Barbosa. A demora em encontrar a lâmina de barbear e a maneira como as testemunhas são apresentadas no relatório policial, de fato, geram desconfianças.

Determinados depoimentos foram colhidos não se sabe onde nem em que momento. Essas pessoas sequer foram apresentadas à imprensa.

Nos papéis oficiais, não há sinal de que os policiais tenham lido o diário de Paulo Dionísio. Em situações de suspeita de suicídio, muitas vezes, as explicações para o gesto estão em bilhetes, cartas ou qualquer outro tipo de escrito deixado pela pessoa morta.

Mesmo sem revelar pistas definitivas para desvendar o violento fim do diplomata mineiro, a leitura dos relatos ajudaria a compor seu perfil profissional e psicológico. Permitiria às autoridades, também, compreender os focos de pressão que atormentavam o segundo-secretário.

No material da investigação entregue pelo Itamaraty à família Vasconcelos, nota-se ainda a ausência das 15 fotografias mencionadas no inquérito assinado pelo inspetor principal Van Diemen. As imagens também não se encontram nos arquivos do MRE disponibilizados para esta reportagem.

O aparecimento dessas fotos poderia fornecer mais elementos para a análise dos últimos momentos de vida de Paulo Dionísio.

No processo, deve-se reconhecer, há grande riqueza de detalhes sobre os derradeiros minutos do diplomata, fornecidos pelas testemunhas. Existe, porém, completo desconhecimento em relação ao que ele fez entre o momento que saiu de casa, depois do almoço, e sua chegada à Pompstationsweg.

Nenhum depoimento esclarece o que Paulo Dionísio fez depois que deixou a família. Não esteve na embaixada, como disse que faria. Não se sabe se ele se encontrou com alguém nem se teve tempo de ir a Utrecht.

Pela direção que tomou na ruazinha, o próximo destino poderia ser sua casa, na Zwanenlaan. Maria Coeli diz supor que o marido tenha parado pelo menos em um lugar, para comprar alguma coisa, depois de se despedir dela e de Manoela.

A viúva chegou a essa conclusão depois de constatar que ele gastou algum dinheiro. Antes de entrar no carro naquela tarde, em casa, Paulo Dionísio pegou com ela uma nota de 20 florins. Quando morreu, tinha em sua posse apenas um saquinho de moedas, troco da cédula.

Essas observações de Maria Coeli, no entanto, não fazem parte de seu depoimento na polícia holandesa. São memórias cultivadas por quase cinco décadas.

Em investigações policiais, de modo geral, a reconstituição de todo o percurso feito pela vítima nas últimas horas antes de morrer tem grande peso no processo comprobatório. A polícia de Haia não demonstrou ter tomado essa providência.

Neste ponto da reportagem, chega ao fim o resgate jornalístico com base no inquérito da polícia de Haia. A lâmina Schick apresentada pelo inspetor principal Jan van Diemen encerrou o assunto para o governo holandês.

No Itamaraty, a ocorrência da Pompstationsweg torna-se um assunto burocrático e indesejado. O episódio adormece nos arquivos sigilosos do MRE. Tende ao esquecimento.

Os fatos, porém, sustentam o prosseguimento da trama. A reportagem continua.

45
Dúvida

A incansável Pomona Politis escreve, na noite de 10 de agosto, a coluna do dia seguinte. As crises nas embaixadas de Haia e Montevidéu ocupam boa parte do espaço da seção. A jornalista noticia o comparecimento do deputado estadual Paulino Cícero ao aeroporto, no Rio de Janeiro, para receber o corpo do irmão morto.

Em uma única frase, Pomona define o sentimento dos Vasconcelos: "A família está em dúvida quanto ao suicídio."

Os leitores da colunista são também informados de que o ambiente continua tenso no mundo diplomático.

"Ontem [10 de agosto] na Embaixada dos Estados Unidos reinava grande consternação diante da notícia da execução de Dan Mitrione. As funcionárias o lembravam com saudade e dor [...]", relata a jornalista.

O funcionário norte-americano tem filhos nascidos no Brasil, informa.

Os desdobramentos do sequestro assustam a cúpula militar brasileira. Médici pede informações ao Itamaraty, várias vezes por dia, sobre a situação do cônsul Aloysio Gomide. Pela seriedade do momento, o general presidente recebe o chanceler três vezes para tratar do assunto.

O Brasil pressiona o Uruguai para agir com mais flexibilidade no caso do diplomata brasileiro. Gibson Barbosa telefona para seu colega do Cone Sul.

"Suplicava a ele [ministro uruguaio] que tudo fizesse para salvar a vida do colega, em nome da família diplomática, do Itamaraty", escreve a colunista.

O Congresso uruguaio, informa Pomona, aprovou estado de sítio de 20 dias. De Montevidéu também chega a notícia de que a mulher de Gomide, Maria Aparecida, usou uma emissora de rádio para pedir ao povo que fosse ao palácio solicitar ao presidente, Pacheco Areco, que cedesse em sua decisão de não negociar com os sequestradores.

Maria Aparecida liderará uma campanha pública para arrecadar o dinheiro para libertar o marido. Terá apoio dos apresentadores de TV Chacrinha e Flávio Cavalcanti. O diplomata brasileiro será libertado depois de 205 dias em troca do pagamento, pela família, de um resgate de US$ 250 mil. Gomide morrerá em dezembro de 2015, aos 86 anos.[28]

---

28 Guilherme Magalhães, "Mortes: Diplomata sequestrado no Uruguai em 1970, *Folha de S.Paulo*, 7 dez. 2015.

46
Circunstâncias misteriosas

Seis dias depois da morte de Paulo Dionísio, o Centro de Informações e Segurança da Aeronáutica (CISA) menciona o fato na Informação nº 353/QG-4, documento confidencial, de circulação interna.[29]

O CISA é o serviço secreto da Força Aérea Brasileira (FAB), um dos braços do SNI. O alto da primeira folha exibe o cabeçalho transcrito abaixo:

"Ministério da Aeronáutica
Quarta Zona Aérea
Quartel General
Div. Segurança
Assunto: diversos
Origem: DEOPS/SP
Difusão: CISA
Difusão ant.: Comunidade de Informações
Informação nº 353/QG-4
(10 Agosto 70)"

O documento tem três páginas. A referência a Paulo Dionísio ocupa apenas quatro linhas, terceiro e último tópico do relatório, conforme reprodução a seguir:

"3. Homicídio:
Paulo Dionísio de Vasconcelos, 2º Secretário da Embaixada do Brasil, em Haia, foi assassinado no dia 4 agosto 70, pela manhã, na Estrada de Haia, em circunstâncias misteriosas."

Os outros dois itens do documento tratam de fatos políticos e policiais, de pouca relevância, ocorridos naqueles dias. O primeiro é um informe sobre uma assembleia do Sindicato dos Empregados em Estabelecimentos Bancários de São Paulo. A reunião, com cerca de 200 pessoas, discutiu uma campanha salarial da categoria.

---

29 Documento obtido no Arquivo Nacional, em Brasília, pelo autor deste livro durante as pesquisas sobre a morte de Paulo Dionísio.

A prisão, em Recife, de um cidadão no aeroporto dos Guararapes aparece registrada no segundo tópico do documento do CISA. O sujeito portava "arma de fogo" e foi enquadrado na Lei da Segurança Nacional.

Os três pontos listados pelo serviço secreto da Aeronáutica nada têm a ver entre si.

❖

Produzido por um organismo de espionagem com sede geograficamente distante dos fatos abordados, esse documento mostra-se desatualizado em relação ao noticiário. Nem como hipótese cita a versão da polícia, de suicídio, para a morte de Paulo Dionísio.

Da leitura do cabeçalho, depreende-se que, antes de chegar à FAB, os relatos difundidos pelo CISA passaram por mais de uma instância do aparato repressivo brasileiro.

O documento aponta o Departamento Estadual de Ordem Política e Social (DEOPS), o mesmo que DOPS, como origem das informações. Ligado ao governo de São Paulo, o órgão atua em cooperação com os militares no serviço sujo contra os inimigos da ditadura.

No organograma da repressão, cabe à Comunidade de Informações prestar assessoria à cúpula militar – inclusive ao presidente da República – com dados e análises para a tomada de decisões. Essa sofisticada estrutura brasileira de espionagem, com ramificações no exterior, trata a morte de Paulo Dionísio como um "assassinato" em "circunstâncias misteriosas".

A ausência da versão do suicídio pode ser desprezo pela solução apresentada pelos investigadores holandeses. Ou, simplesmente, os agentes do CISA responsáveis pela informação leram apenas os jornais do primeiro dia depois da morte de Paulo Dionísio. Pela superficialidade do relatório, a segunda alternativa parece mais provável.

Quatro meses passaram-se desde que, em abril, Eiras solicitou apoio do governo holandês para a segurança na embaixada. O máximo que conseguiu foi o endereço de uma firma, contratada por outras representações estrangeiras, especializada na instalação de alarmes práticos e modernos.

Sem alternativa, o embaixador faz contato com a empresa e, no dia 10 de agosto, manda um orçamento parcial para a Secretaria de Estado. O sistema escolhido combina contatos elétricos e células magnéticas.

No final do telegrama em que enviou a proposta, Eiras escreveu que esse pedido de providência não guardava relação com a morte de Vasconcelos. A mensagem, afirmou, encontrava-se pronta antes do ocorrido e só não fora enviada antes por não estar cifrada. Tinha a ver, sim, com as manifestações políticas e com a ameaça de bomba no início de abril.

47
Enterro

O deputado Manoel de Almeida e um grupo de amigos da família aguardam no aeroporto da Pampulha, em Belo Horizonte, a aterrissagem do avião com o corpo de Paulo Dionísio. Um carro funerário leva a urna vermelha, lacrada, para a Santa Casa, local do velório.

Os jornais *Estado de Minas* e *Diário da Tarde* fazem extensas reportagens sobre o dia do enterro. Nas poucas horas em que o caixão fica exposto, amigos e parentes formam fila para a despedida. Em seguida, lotam a Igreja da Boa Viagem, onde se realiza a missa de corpo presente. Dona Baíca, Manoel de Almeida, Márcia, irmãos, cunhados de Paulo Dionísio, a viúva e a pequena Manoela assistem à cerimônia no primeiro banco.

Sete batedores da Polícia Militar e do Detran abrem caminho para o féretro até o Cemitério do Bomfim. Centenas de pessoas comparecem ao enterro. Coroas de flores são amontoadas em volta da cova 95 da quadra 30. As enviadas pela Embaixada dos Países Baixos e pela prefeitura de São Domingos do Prata são colocadas sobre o túmulo.

Os irmãos pedem para ver o corpo, querem despedir-se pela última vez. Sem detalhar explicações, alguém diz que havia um pedido para que o caixão não fosse aberto. Apesar do desapontamento dos familiares enlutados, prevaleceu o impedimento.

Meio zonza de cansaço, sono e com os nervos abalados pela tragédia, a viúva alisa a barriga e se aproxima do caixão. Por um momento, faz um gesto, como se fosse jogar-se na sepultura. Paulino Cícero chega perto para consolá-la.

"Pensa no neném, Maria Coeli, pensa no neném", aconselha o deputado.

Até aquele momento, não se sabia o sexo do bebê. Na última despedida, a viúva e a mãe de Paulo Dionísio beijam a urna e jogam flores vermelhas.

Nesse dia, ainda em Belo Horizonte, a viúva lê jornais brasileiros e descobre que o marido, no início tido como vítima de assassinato, agora é tratado como suicida. A dor aumenta um pouco mais.

A viagem ainda não acabou para Maria Coeli.

48
Missa e parto

Sem tempo para descansar, a viúva viaja às pressas para Brasília. Dois dias depois do enterro, assiste na Catedral Metropolitana, inaugurada três meses antes, à missa de sétimo dia da morte de Paulo Dionísio. Mais uma vez, senta-se na primeira fila, ao lado de Manoela.

Partiu do Itamaraty o pedido de realização da celebração religiosa. Maria Coeli foi recebida na igreja pelo embaixador Jorge Taunay, chefe do cerimonial do presidente Médici, organizador da cerimônia. Sinal de deferência do MRE e do Palácio do Planalto.

O embaixador é neto do Visconde de Taunay, militar e escritor do século XIX, de origem francesa, com profícua descendência no Itamaraty. Mario Gibson Barbosa, o chanceler, participa da missa.

Mal recebe os abraços dos presentes, Maria Coeli é levada para o Hospital Santa Lúcia. Maria Paula de Almeida Vasconcelos nasce às 17h30 no dia 12 de agosto de 1970, oito dias depois da morte do pai.

Começa uma nova etapa da vida de Maria Coeli. Sem Paulo Dionísio, com duas filhas.

Poucos dias depois, Mary Elizabeth Taunay, mulher de Jorge, vai até o apartamento da 206 Sul fazer uma visita à mãe e às filhas. Para o bebê, leva um brinquedo grande, dentro de uma caixa.

Mary Elizabeth não sabe que, no futuro, o destino juntará as duas famílias.

Um telegrama de condolências chega à Secretaria de Estado no dia seguinte. O chefe do Estado-Maior das Forças Armadas., almirante de esquadra Murillo Vasco Valle Silva, expressa pesar pelo falecimento do diplomata.

Em nome da embaixada, Biato paga 885 florins a Maria Rosa Martins, a portuguesa que trabalhava na casa dos Vasconcelos. Desse total, 360 correspondem ao salário, 357 a uma passagem aérea para Portugal e 168 a título de gratificação.

Eiras envia um ofício para a Secretaria de Estado no dia 19 de agosto. Presta conta das despesas realizadas com os funerais de Paulo Dionísio. Dos US$ 9.068,33 disponíveis, restaram 14.758,95 florins. Esse saldo não utilizado foi repassado a Maria Coeli na forma de um cheque do Amro-Bank N.V. de Haia.

No mesmo documento, o embaixador pede que a viúva assine um recibo relativo a esse valor. Com essa formalidade, afirma Eiras, "é dada plena quitação" da contabilidade gerada pelo funeral.

No dia 2 de setembro, Maria Coeli rubrica o recibo. O total de despesas inclui gastos com a empregada, telefone, limpeza e transporte do Lancia, aluguel da casa, assistência jurídica, empresa funerária e passagem. A prestação de contas lista, ainda, pagamento de uma médica, I. van Gent, e de um médico, H. Rappard.

Aos poucos, a embaixada encerra as pendências relacionadas a Paulo Dionísio. O Itamaraty não escreve a nota com críticas às investigações, aguardada por Paulino Cícero.

O pai de Maria Coeli pede acesso ao inquérito arquivado pelo Itamaraty.

❖

Conforme prometido, no dia 21 de agosto Eiras despacha para a Secretaria de Estado a última versão do memorando escrito por Paulo Dionísio sobre o telefone de Brasília. Em tom respeitoso e formal, o segundo-secretário pede ao embaixador que transmita à cúpula do Itamaraty suas explicações relativas ao aparelho usado em seu apartamento no Distrito Federal.

De fato, afirma o diplomata mineiro, a linha de comunicação deveria ter sido retirada do imóvel, mas essa providência não foi tomada pelos responsáveis. A locatária que usou o telefone diz ter quitado suas contas.

A confusão deve-se ao fato de que a Secretaria de Estado também informa ter pago, indevidamente, sete meses de despesas geradas pelo aparelho. Como solução, Paulo Dionísio prontifica-se a quitar qualquer débito que lhe caiba relativo ao telefone de Brasília.

O diplomata morreu sem resolver essa questão.

Oswaldo Biato manda para o Brasil, no dia 28 de agosto, uma cópia em francês do inquérito policial sobre a morte do segundo-secretário, obtida no Ministério dos Negócios Estrangeiros. O atestado de óbito ainda depende de legalização pelo Consulado-Geral do Brasil em Roterdã.

Desde a partida da família, a embaixada cuida dos trâmites burocráticos para a liberação dos bens deixados em Haia. Móveis, quadros, brinquedos, tudo é encaixotado para o embarque com destino ao Brasil.

O Lancia também será despachado para o outro lado do Oceano Atlântico.

49
Fato novo

Eiras interrompe as férias para participar, em Haia, das comemorações de 7 de setembro, dia da Independência do Brasil. Na ocasião, toma conhecimento das correspondências das últimas semanas que repousam nos escaninhos da embaixada.

Uma delas é endereçada a "P. D. Vasconcelos".[30] Com data de 14 de agosto de 1970, tem dois parágrafos datilografados. Escrita em inglês, em papel timbrado do escritório de advocacia Bell Krish & Co. Solicitors, com dois endereços no Surrey, condado vizinho à Grande Londres. Ostenta no alto as palavras "privada" e "confidencial".

Nessa mensagem, o escritório inquire o segundo-secretário se ele já tomou decisão em relação a outra correspondência – supostamente enviada a Paulo Dionísio no último 30 de julho.

A carta de 14 de agosto pede que o assunto em questão seja resolvido "imediatamente" para evitar qualquer publicidade "adversa" que possa surgir da divulgação do caso. O documento faz referência a um certo Jean Pierre Goehl, nome do homem que teria contratado o Bell Krish & Co. Solicitors para interceder junto ao segundo-secretário.

Outras duas cartas sobre o mesmo imbróglio encontram-se na mesa de Eiras, ambas também endereçadas a Paulo Dionísio. Uma, datilografada, tem duas linhas e meia e apenas encaminha a outra, manuscrita. Pela data, 30 de julho, trata-se da mesma correspondência citada na carta do dia 14 de agosto.

Essa carta manuscrita tem quatro páginas. É a mensagem mais importante das que Eiras tem sobre a mesa. O texto detalha uma série de situações e atos comprometedores atribuídos ao diplomata mineiro.

Os arquivos do MRE guardam uma cópia amarelada desse documento. No alto da primeira folha, sob o endereço da embaixada, destaca-se a palavra "Translation [Tradução]", o que leva à

---

30 A cópia desta carta, com data de 14 de agosto de 1970, faz parte do acervo da família Vasconcelos. A correspondência principal, com data de 1º de agosto, e os outros documentos relacionados ao episódio foram obtidos no arquivo do MRE.

suposição de que a original não fora produzida em inglês, mas sim em outra língua, não especificada.

Segue abaixo a tradução da íntegra da carta manuscrita endereçada a Paulo Dionísio:

"Confirmação escrita, por meio de meu advogado, de minha mensagem de 30.7.1970.

Pela presente quero informá-lo de que meu advogado, Sr. Peter Wheatley, Clarence Street 38 – Kingston-upon-Thames [Surrey] – já foi informado de suas atividades maldosas contra mim.

Esse advogado sabe, agora, tudo relativo à sua odiosa chantagem contra mim. Através dessa chantagem você me obriga a cometer os atos mais insensatos. Revelei a ele, de maneira completa, os detalhes de suas chantagens, tanto em Luxemburgo, quanto em Londres. Conhece, também, os fatos em que você baseou sua extorsão.

Aqui estou, privado da liberdade por sua influência diabólica. E, o que é mais importante, por causa de minha prisão, minha jovem noiva abortou nosso filho.

Esse fato perturbou-me profundamente e fez-me compreender a criminalidade de sua relação comigo.

Por isso, insisto em que você:

1. entre em contato com Sr. Wheatley, o mais cedo possível, e apresente-lhe um relato completo e detalhado, em particular no tocante à tentativa de chantagem através de Sra. Muller e ao acidente de tráfego do dia 20 de fevereiro de 1970.

2. restitua, dentro de 30 dias, as L8.000 [oito mil libras esterlinas] que você extorquiu de mim em agosto de 1969 e, da mesma forma, devolva os documentos da Mercedes coupé e do motor do barco Vedette-ex-Marine.

3. devolva-me, por intermédio de Sr. Wheatley, até o final de 1970, os FB 300.000,00 (trezentos mil francos belgas) que você extorquiu em Luxemburgo, no início de 1967.

4. Preste, perante Sr. Wheatley, depoimento escrito de suas maldades contra mim, para que ele possa provar à Sra. Muller – e apenas a ela – que não sou um criminoso, mas apenas vítima de suas maquinações.

Você, agora, sabe do que preciso. De qualquer forma, devo-lhe avisar que, se em um prazo de 30 dias você não responder favoravelmente a todos os pontos deste documento, Sr. Wheatley será instruído a revelar o que sabe a seu Embaixador e às autoridades competentes para se encarregarem do caso.

Através de suas tramas diabólicas eu perdi tudo e, consequentemente, nada tenho a perder.

Asssinado Goehl J. P.

1/8/1970"

Se verdadeiro, o conteúdo da carta de quatro páginas evidencia uma situação de desespero para Paulo Dionísio nos dias anteriores à sua morte. Por intermédio do escritório de advocacia, o cliente faz acusações de chantagem, "influência diabólica", aborto, extorsão, prejuízos financeiros e "maquinações".

Ao mesmo tempo que culpa o diplomata, o remetente extorque e ameaça. Descreve uma situação de criminalidade. Não explicita que tipo de relação pessoal haveria entre o remetente e o destinatário da carta.

Surge um fato novo. Cabe às autoridades investigar eventuais conexões entre as cartas e a morte do segundo-secretário.

A perda de Paulo Dionísio provoca forte impacto emocional nos amigos e sobrecarrega os colegas da embaixada. O diplomata mineiro era responsável pela organização da feira comercial. A conferência da União Interparlamentar também demanda esforços extras da representação brasileira.

Biato escreve um telegrama para a Secretaria de Estado no dia 31 de agosto para pedir instruções sobre como consertar o sistema elétrico do equipamento criptográfico. Se tiver de enviar peças defeituosas a Genebra para serem reparadas, desfalcará a embaixada de mais um funcionário.

Enquanto o problema não é resolvido, o ministro conselheiro opera máquina cifradora manual, modelo CX-5 2 Série D.

Três semanas depois, Eiras entra no assunto e volta a pressionar a Secretaria de Estado sobre como mandar as peças para a Suíça. O serviço manual de cifração retarda a execução dos trabalhos rotineiros da embaixada.

A situação ficará grave durante a conferência da União Interparlamentar. Eiras reclama também da falta de pessoal na representação brasileira.

Em outra mensagem, o embaixador solicita autorização para expedir 1.500 convites para a recepção a ser oferecida durante a reunião de congressistas. O governo militar aposta em uma grande performance da delegação para melhorar a imagem do Brasil na Europa.

Serão chamados os integrantes das comitivas dos demais países, do corpo diplomático em Haia e jornalistas.

50
O chefe do Protocolo

Ainda no dia 7 de setembro, Eiras encarrega o secretário Biato de levar a carta misteriosa ao conhecimento do governo holandês.

Em cumprimento à determinação do embaixador, Biato dirige-se ao Ministério dos Negócios Estrangeiros dos Países Baixos. Tem a incumbência de sondar se a polícia holandesa poderia "discretamente" – expressão de Eiras – fazer averiguações sobre os signatários da carta.

Biato é atendido pelo chefe do Protocolo do ministério. Após examinar "detidamente" o caso, o funcionário holandês pondera que o inquérito policial encontra-se encerrado. Não conviria, portanto, reabrir o assunto com autoridades locais, recomenda o funcionário.

"O mais aconselhável seria recorrer à Embaixada do Brasil em Londres", sugere o chefe do Protocolo.

Assim, avalia o burocrata, as autoridades inglesas poderiam verificar a idoneidade da firma de advogados e, se possível, a identidade do autor das ameaças.

De volta à embaixada, o secretário Biato repassa a recomendação do burocrata holandês. Eiras aceita. Parece-lhe uma boa ideia transferir para Londres a investigação sobre a carta misteriosa.

O embaixador, então, orienta o Biato a telefonar para seus colegas do Reino Unido. Depois de entendimento entre as duas embaixadas, um portador "da confiança" do chefe da representação em Haia leva cópia da carta para Londres.

Nas semanas seguintes, outras mensagens do mesmo escritório de advocacia cobram resposta de Eiras. Em apenas uma, do dia 21 de outubro, o nome de Peter Wheatley aparece na lista de profissionais da empresa listados no timbre do cabeçalho do papel.

A representação brasileira em Londres concentra demandas delicadas. No dia 30 de setembro de 1970, a Secretaria de Estado envia para a embaixada um documento "confidencial-urgente" com o índice "Situação política brasileira. Olavo Hansen. Repercussão no Reino Unido".

De uma página e meia, o texto se destina a "esclarecimento informal às indagações de fontes categorizadas". Descreve a militância política de Hansen e apresenta o prontuário policial do estudante trotskista morto no último mês de maio, caso tratado no capítulo 11 deste livro.

A maior parte da mensagem destina-se a defender a versão de que Hansen suicidou-se. No roteiro inventado nos porões do regime para abafar o assassinato sob tortura, o ativista ingeriu "substância tóxica".

O Itamaraty ajuda a difundir a farsa da versão do suicídio de Hansen.

51
Conferência

A 58ª Conferência da União Interparlamentar (UIP) começa no dia 30 de setembro de 1970. De imediato, têm início também os ataques à ditadura brasileira. Um deputado do Partido Comunista

Francês, Waldeck l'Huillier, denuncia em discurso a existência de milhares de presos políticos, submetidos a tortura pela repressão.

Na mesma ocasião, o parlamentar europeu põe em dúvida a legitimidade da delegação brasileira no encontro internacional.

Parte de Flávio Marcílio a defesa do regime militar. O deputado cearense afirma que o grupo presidido pelo senador Manoel Villaça tem representantes do governo e da oposição, diferentemente de outros países, onde só havia um partido e não havia oposição – referência implícita aos países comunistas.

Sobre as torturas, Marcílio rebate as críticas com o argumento de que os "terroristas" eram bem tratados. Como exemplo, cita os presos políticos libertados no exterior em troca de diplomatas sequestrados.

Parlamentar do partido trabalhista holandês, Piet Dankert também aponta abusos da ditadura. O governo militar ganha, então, a defesa de um deputado do MDB, Thales Ramalho, de Pernambuco.

"Não há torturas sistemáticas de quase duas dezenas de milhares de prisioneiros", disse o parlamentar pernambucano.

Nem o deputado da oposição se comporta como tal. A delegação brasileira apresenta-se sem divisões, como um monólito, na expressão do senador Villaça.

Como parte da estratégia de propaganda, a comitiva organiza um encontro com a imprensa internacional. Assemelha-se a uma entrevista coletiva. Porém, logo depois das primeiras perguntas, todas incômodas para a ditadura, os congressistas brasileiros distribuem folhas mimeografadas com questões e respostas produzidas com antecedência.

Esses panfletos oficiais tratavam dos temas demandados, como prisões, torturas de adversários políticos e esquadrão da morte, com abordagem favorável ao governo militar. Em vez de encarar os repórteres, a delegação presidida pelo senador Villaça preferiu apenas espalhar suas versões sobre os fatos.

Em outra frente promocional, os brasileiros presenteiam os integrantes das delegações com discos de música brasileira, erudita e popular. Entre essas, gravações de canções carnavalescas. No mesmo pacote, entregam *slides* e fotografias sobre turismo e desenvolvimento no Brasil, com imagens de "garotas de Ipanema" e de grandes obras tocadas por estatais.

Os participantes da conferência também recebem uma coleção de selos comemorativos do tricampeonato de futebol da seleção brasileira e publicações enaltecedoras do governo militar. Ganham, ainda, textos contrários às notícias de genocídio de comunidades indígenas e torturas de presos.

Ponto alto da propaganda verde-amarela, a recepção oferecida pelos brasileiros no salão do Hotel Kurhais é a maior de toda a conferência. Centenas de parlamentares, diplomatas e clérigos participam da festa. Algumas autoridades foram brindadas durante a celebração com três medalhas de ouro comemorativas da conquista da Taça Jules Rimet.

As paredes e colunas estão repletas de fotografias. Quatrocentos e oitenta *slides* projetados no palco exaltam feitos do governo militar, como a construção de hidrelétricas. Mostram a indústria automobilística e de eletrodomésticos. Filmes exibidos em uma sala para 150 pessoas divulgam o mesmo conteúdo.

Mais de mil latas de café solúvel, grande quantidade de cerveja e 15 mil cigarros são deixados nas mesas dos convidados, tudo consumido durante a festa. Também se esgotam cem garrafas de cachaça usadas nas batidas de maracujá e limão.

A imprensa brasileira fez cobertura favorável à participação da comitiva de parlamentes na conferência da União Interparlamentar, segundo o senador Villaça.

O jornalista Mário Pedrosa parte para o exílio no Chile no dia 1º de outubro de 1970, segundo documento produzido pela

Secretaria de Estado, com chancela da DSI. Quase oito meses passaram-se desde a prisão do diplomata Miguel Darcy.

Aos 71 anos, o velho militante perturba o Itamaraty por exercer liderança sobre os diplomatas atuantes na divulgação, no exterior, de denúncias contra o governo brasileiro.

Em telegrama "confidencial-urgente" enviado à embaixada em Londres no dia 3 de outubro, a secretaria pede atenção para possível utilização do nome de Pedrosa na "campanha de difamação do Brasil [...]". O objetivo da mensagem é subsidiar a representação no Reino Unido com uma ficha sobre as atividades do jornalista.

Originado na DSI, o telegrama lista atributos de Pedrosa: "Dirigente antigo e militante do comunismo trotskista brasileiro [...] conhecido professor, crítico de arte e jornalista, membro da Associação Internacional de Críticos de arte."

O exílio do intelectual, informa o telegrama, teve como motivação a decretação de sua prisão preventiva em decorrência de inquérito que "demonstrou" a participação de Pedrosa em uma conspiração contra o Brasil no exterior. Na versão patrocinada pela cúpula do Itamaraty, a campanha internacional fora orientada pelo Partido Comunista Brasileiro Revolucionário (PCBR), uma das organizações clandestinas que tomou o caminho da luta armada contra a ditadura.

O grupo de Pedrosa "logrou recrutar" funcionários do Itamaraty para a campanha no exterior, diz o telegrama. No último parágrafo, a mensagem revela que o jornalista foi convidado a participar da III Trienal de Nova Déli, capital da Índia, na qualidade de membro do júri internacional.

A embaixada deve "evitar dar qualquer forma de apoio a iniciativas que envolvam o nome de Mário Pedrosa, delas informando imediatamente a Secretaria de Estado", avisa o documento da DSI. Na assinatura do documento, apenas a palavra "Exteriores".

O Itamaraty atua com desembaraço na contrainformação da ditadura.

Em Brasília, Cláudio Antônio cuida das tarefas demandadas pela família em função da morte de Paulo Dionísio. Resolve problemas burocráticos e mantém contato com autoridades do governo federal. Cabe ao mais velho dos irmãos de Maria Coeli, por exemplo, receber a mudança e os pertences do casal deixados em Haia.

Quando abre um dos pacotes, emociona-se ao ver as manchas vermelhas, escuras, grudadas no passaporte, nas notas de dinheiro, nas moedas e na papelada encontrada com o cunhado. Cláudio Antônio queima os documentos mais afetados pelo sangue espalhado no interior do Lancia.

Em uma conversa com o chefe do Departamento de Administração do MRE, Raul de Vincenzi, o irmão de Maria Coeli toma conhecimento da carta enviada a Paulo Dionísio. Lê o documento e, de imediato, emite opinião: "O remetente errou de pessoa", avalia.

Na percepção de Cláudio Antônio, o teor da carta não diz respeito ao cunhado, com quem teve longa amizade. Está seguro, por exemplo, de que Paulo Dionísio não conhecia a Europa antes de assumir o posto em Haia. Não pode ser verdade, portanto, a afirmação de que o diplomata tenha estado em Luxemburgo em 1967.

Cláudio Antônio aproveita a conversa com De Vicenzi para pedir uma audiência com o ministro das Relações Exteriores. Gibson Barbosa concorda em recebê-lo no gabinete.

Na reunião com o chanceler, em nome da família, o cunhado do diplomata morto solicita que o Itamaraty não assuma a conclusão da polícia de Haia sem mais esclarecimentos por parte dos holandeses.

Gibson Barbosa diz que atenderá ao pedido.

52
Alhures

Em nova correspondência para a embaixada em Haia, enviada em 5 de outubro, o mesmo escritório de advocacia pergunta se a carta anterior foi repassada a Paulo Dionísio. O assunto requer urgência, avisa a mensagem, escrita em papel timbrado da firma Bell Krish & Co. Solicitors.

Eiras tenta falar com seu colega de Londres, mas os telefones estão "praticamente" bloqueados. Com a tecnologia da época, as linhas muitas vezes congestionam e dificultam ligações.

Assim, o embaixador em Haia tira férias, novamente, no dia 15 de outubro. O mesmo faz o diplomata de Londres que tratara do assunto com Biato.

Na falta de interlocutores no mesmo nível hierárquico nas duas embaixadas, as cartas endereçadas a Paulo Dionísio seguem sem explicação das autoridades brasileiras e holandesas.

O embaixador em Haia volta das férias depois de um mês. Descobre que chegara à embaixada outra carta do escritório de advogados, com data de 21 de outubro e conteúdo semelhante à segunda. Até o momento, são seis cartas encaminhadas pelo mesmo advogado, Peter Wheatley.

Desta vez, finalmente, Eiras consegue falar com Corrêa da Costa.

O colega de Londres aceita "examinar a possibilidade de averiguar algo" sobre a carta. A pesquisa demanda uma demora de duas ou três semanas, diz o embaixador no Reino Unido. Eiras considera o prazo "normal".

No dia 20 de novembro de 1970, Eiras envia para a Secretaria de Estado o Ofício nº 221, "confidencial-urgente". Em duas páginas e meia, faz um histórico sobre as cartas. Relata, também, os encaminhamentos junto ao Ministério dos Negócios Estrangeiros e à Embaixada em Londres.

É o primeiro documento relacionado ao assunto, escrito pelo embaixador, encontrado nos arquivos do Itamaraty. Eiras não registra no ofício se houve algum contato telefônico com Brasília, nas semanas anteriores, para tratar das cartas para Paulo Dionísio.

Na Secretaria de Estado, o relato do embaixador ganha carimbo de "correspondência especial" número 4.623 na Divisão de Arquivo. Essa classificação significa um grau de sigilo a mais do documento em relação às correspondências internas ordinárias do Itamaraty. Recebe, também, um visto na Divisão do Pessoal antes de seguir para "consideração" da Divisão Jurídica.

O sexagenário diplomata manifesta aos superiores a intenção de concluir logo sua participação na pendência relacionada a Paulo Dionísio.

"Como não desejo reter, por mais tempo, o tratamento do assunto, por quem de direito, acho de bom alvitre remeter, desde já, cópias dos mencionados documentos a essa Secretaria de Estado [...]", sugere o embaixador.

O ofício não faz referência à primeira carta do Bell Krish & Co. Solicitors, com data de 14 de agosto, escrita para o segundo-secretário e guardada nos arquivos da família Vasconcelos. Junto com o documento, Eiras envia cópia da correspondência manuscrita e das outras que pressionam o diplomata mineiro.

Por fim, no comunicado feito à Secretaria de Estado, o embaixador em Haia consulta seus superiores se deve responder às cartas destinadas a Paulo Dionísio. Eiras sugere dizer ao escritório inglês que o segundo-secretário morreu no dia 4 de agosto. Portanto, desde essa data, não pertence mais aos "quadros" da embaixada.

Caso desejem prosseguir no caso, recomenda o veterano diplomata, os advogados deverão dirigir-se "alhures".

Eiras exercita a experiência.

A Secretaria de Estado repassa à embaixada em Haia, no dia 17 de novembro de 1970, uma reclamação registrada pelo Centro de Informações do Exército (CIE), o serviço secreto da Força Terrestre brasileira – um dos mais ativos órgãos da máquina de extermínio de inimigos da ditadura.

Em telegrama confidencial e urgente, a cúpula do Itamaraty cobra a devolução do material sobre "terroristas", emprestado ao senador Manoel Villaça, para ser usado na conferência da União Interparlamentar. Como se trata de documentação original, sem cópia no Exército, o CIE pede a devolução imediata.

Os serviços secretos têm participação ativa na propaganda da ditadura.

Eiras escreve para a Secretaria de Estado, em 27 de novembro de 1970, um aditamento ao Ofício nº 221. Com texto de duas linhas, o telegrama recebe número 24.361 na burocracia do MRE. A mensagem repassa à cúpula do Itamaraty o retorno dado pelo colega do Reino Unido.

"Embaixada em Londres me comunicou nada ter sido apurado a respeito da firma de advocacia [...]", relata o embaixador do Brasil em Haia.

Nada foi apurado, nada foi encontrado sobre as correspondências endereçadas a Paulo Dionísio depois de sua morte.

O embaixador não esclarece se a embaixada em Londres revelou que providências foram tomadas em relação às cartas. Também não informa se Corrêa da Costa pediu ajuda à Scotland Yard na investigação. Nem mesmo diz se Peter Wheatley e Jean Pierre Goehl foram procurados.

A empresa de advocacia ainda escreve, em dezembro, mais uma mensagem para a representação brasileira em Haia. No total, são sete cartas remetidas por Goehl e Wheatley. Indaga, outra vez, se o embaixador deu andamento ao assunto sobre Paulo Dionísio.

Diante dessa nova investida do autor da carta, Eiras insiste com a cúpula do Itamaraty para que seja tomada uma atitude definitiva em relação ao episódio. Por telegrama, Eiras reapresenta a proposta de devolução das missivas para os endereços do escritório de advocacia.

A Secretaria de Estado responde com um telegrama "confidencial" expedido no dia 11 de dezembro de 1970.

"Vossa Excelência deverá restituir ao seu remetente a carta endereçada ao ex-secretário Paulo Dionísio Vasconcelos informando-o do seu falecimento a 4 de agosto último", diz a mensagem.

Com essas palavras o Itamaraty engaveta o caso. Eiras, como queria, está autorizado a devolver as cartas misteriosas para o escritório inglês.

No ano seguinte, o embaixador será removido para Beirute.

Os arquivos de 1970 do Itamaraty guardam cópias das cartas e da troca de mensagens entre Eiras, Corrêa da Costa e a Secretaria de Estado. Sem apresentar sinais de que tenha procurado os remetentes, o embaixador em Londres deixa de esclarecer pontos essenciais das ameaças ao diplomata.

A resposta vaga de Corrêa da Costa não informa se funciona no Surrey um escritório de advocacia chamado Bell Krish & Co. Solicitors. Também não revela se Jean Pierre Goehl e Peter Wheatley de fato existem. Logo, não explica se os dois homens escreveram as correspondências ou se tiveram os nomes indevidamente usados por terceiros.

O MRE absteve-se de elucidar o enigma final de Paulo Dionísio.

Nas pesquisas para este livro, o autor indaga ao ex-ministro Celso Amorim[31] e ao ex-secretário-geral do MRE Marcos Azambuja[32] se tomaram conhecimento das cartas enviadas por Eiras em 1970 para serem investigadas em Londres. Na época, ambos serviam no Reino Unido.

Azambuja afirma não ter recordação do fato. Amorim também não se lembra de qualquer consulta específica sobre Paulo Dionísio que tenha chegado a ele.

Para esse tipo de serviço, a embaixada poderia usar os serviços dos adidos militares se tivesse interesse em investigar as correspondências. São homens treinados para lidar com questões de segurança e informação. Como disse o amigo de Londres de Paulo Dionísio, no caso específico do Reino Unido, os representantes da Marinha e da Aeronáutica são "linha duríssima".

Os canais informais mantidos pela embaixada com a Scotland Yard, além de vigiarem exilados, também poderiam auxiliar no rastreamento das cartas. Bastava que houvesse vontade do embaixador.

O autor, durante as pesquisas, não encontrou nos arquivos do Itamaraty registros de que Corrêa da Costa tenha tomado alguma iniciativa para localizar os responsáveis pelas correspondências.

---

31 Entrevista por e-mail com o ex-chanceler Celso Amorim, 22 de março de 2017.
32 Entrevista por e-mail com o embaixador aposentado Marcos Azambuja, 3 de junho de 2016.

A embaixada no Reino Unido continua vigilante em relação aos brasileiros procurados pela ditadura. Grieco, o ministro conselheiro, escreve no dia 9 de dezembro de 1970 um telegrama "secreto" para a Secretaria de Estado sobre os exilados na Argélia. O ministro conselheiro afirma ter lido na *The Economist* que os "terroristas" brasileiros residentes no país norte-africano em breve teriam um representante permanente em Londres. Avisa que, como de costume, levaria o assunto para a Scotland Yard. "Informalmente".

Francisco de Assis Grieco será, no futuro, embaixador do Brasil na Hungria antes de se aposentar, em 1979. Morrerá em 2001, aos 75 anos.

Sergio Corrêa da Costa ficará na Inglaterra até 1975. Depois, comandará a Missão Permanente do Brasil junto à ONU e, de 1983 a 1986, durante a transição da ditadura para a democracia, será embaixador em Washington. Viverá até os 86 anos.

No arremate dos assuntos de Paulo Dionísio, a Secretaria de Estado rende-se a insistentes reclamações do proprietário da casa na Zwanenlaan sobre indenização por supostos estragos no imóvel. Enquanto viveu, o segundo-secretário contestou as reclamações do senhorio. Apesar da controvérsia, o Itamaraty autorizou o pagamento de 4.299,12 florins, correspondentes a US$ 1.195,00.

53
Baú

A mudança dos Vasconcelos leva alguns meses para chegar ao Brasil. Móveis, quadros, antiguidades, roupas, filmes, revistas e algumas dezenas de garrafas de vinho e uísque atravessam o Atlântico, de navio, embalados em um contêiner de pinho-de-riga. Do porto, no Rio, a carga segue para Brasília.

A viúva guarda no baú comprado em Amsterdã os documentos e os objetos mais importantes sobre a vida e a morte de Paulo Dionísio. Pastas, caixas, envelopes, o maço de papéis pessoais do

Itamaraty, o inquérito policial, fotografias, medalhas, cartas, recortes de jornais, tudo misturado.

Dois pequenos vidros, com rótulos manuscritos em holandês, preservam os comprimidos receitados pelo médico para acalmar o diplomata dias antes de sua morte.

Um saquinho de plástico encontrado no Lancia, cheio de moedas holandesas, remete aos últimos minutos de vida do diplomata. Como prova da tragédia final, as manchas de sangue permanecem impregnadas nos florins.

Protegidas por um pequeno álbum de cartolina, fotografias em branco e preto mostram Paulo morto no necrotério de Haia. Todo vestido de branco, sob um crucifixo preso à parede.

O Lancia Fulvia demora um pouco mais para cruzar o Atlântico, também de navio. Cláudio Antônio sai de Brasília para pegar o carro, mas ainda restam problemas com a papelada de importação. Alguns telefonemas de Paulino Cícero e de Manoel de Almeida para autoridades federais resolvem os entraves.

Do Rio, Cláudio Antônio leva o automóvel para São Paulo. Rodrigo, marido de uma de suas irmãs, Maria Ângela, mora na cidade e compra o Lancia. Em troca, Maria Coeli recebe um apartamento financiado em Brasília.

❖

O chefe do Departamento de Administração do MRE, Raul de Vincenzi, envia um pacote de documentos sobre as investigações holandesas para o deputado Manoel de Almeida no dia 4 de agosto de 1971 – exatamente um ano depois da morte de Paulo Dionísio. A papelada faz um histórico do caso, com o passo a passo do trabalho policial desde a descoberta do corpo pelo casal de estudantes na Pompstationsweg.

Os arquivos preservam os depoimentos das testemunhas transcritos nesta reportagem. Incluem, ainda, o relatório em que o inspetor Van Diemen apresenta a lâmina de barbear como prova definitiva para a conclusão do caso.

O pacote de documentos junta cópias das mensagens misteriosas. Nesse momento, a família toma conhecimento da correspondência com chantagens e ameaças. Uma cópia do texto vai para o baú.

54
História cobertura

O tom ameaçador da carta de quatro páginas intriga a família. O ministro Gibson Barbosa ignora o pedido feito por Cláudio Antônio e se dá por satisfeito com a versão da polícia holandesa.

A falta de esclarecimentos sobre os autores das correspondências conturba as convicções em relação ao passado de Paulo Dionísio.

Na possibilidade de o conteúdo da mensagem ser verdadeiro, o diplomata manteve uma vida paralela, secreta, durante mais de dois anos. A natureza da relação do diplomata com o remetente não fica clara. Pode ser de amizade, comercial ou amorosa.

Qualquer que seja a circunstância, se realmente aconteceu, as quatro páginas expõem uma situação extrema. Merecedora de atenção especial por parte das autoridades brasileiras e holandesas.

Não há, porém, elementos que comprovem a veracidade dos acontecimentos narrados na correspondência. Falta conexão entre os episódios descritos e a rotina do diplomata. As referências a vultosas quantias de dinheiro, Mercedes, motor de barco não fazem sentido para os familiares.

Nas pesquisas feitas no baú de Maria Coeli, o autor deste livro não encontrou o passaporte de Paulo Dionísio. A localização do documento seria importante para se verificar se o diplomata viajou para Luxemburgo em 1967, como citado na mensagem misteriosa.

Caso o passaporte tenha alguma entrada na Europa no início de 1967, aumenta a possibilidade de que a carta seja verdadeira. Na hipótese de não haver carimbo de visita à Europa nessa época, ficaria evidente a falsidade da mensagem com ameaças contra o segundo-secretário.

Paulino Cícero, Maria Coeli e Cláudio Antônio enfatizam ao autor que, pelo que sabiam, o diplomata conheceu a Europa apenas quando mudou-se para Haia, em 1969.

Acreditam, então, que ele não esteve em Luxemburgo em 1967.

❖

A hipótese de a correspondência ter sido redigida com mentiras leva a inevitáveis questões sobre a quem interessaria a desmoralização de Paulo Dionísio. Entre os que conviveram de perto com o diplomata naqueles tempos não ficaram registros sobre a existência de um inimigo capaz de forjar relações pessoais inconfessáveis, como as descritas na carta. Ainda mais sobre uma pessoa que já morreu.

O relacionamento com os colegas da embaixada, mostra o diário, deu-se com pequenas rusgas e alguma competição pelos assuntos internos. Mas também com muita vida social, amizade e troca de gentilezas. Tudo nos padrões normais das repartições públicas, em particular do Itamaraty.

Apenas nos últimos dias, quando se debatia com o problema do telefone, o segundo-secretário imaginou-se perseguido pela burocracia do MRE. Apresentou sinais de instabilidade emocional. Em circunstâncias normais, por mais que Paulo Dionísio se sentisse perseguido por um funcionário, esse não era um problema com potencial para levar uma pessoa ao suicídio.

No campo das conjecturas, pode-se ainda dizer que a ação do remetente das mensagens tem características de prática criminosa. Diante de uma família fragilizada pela perda, noticiada na imprensa europeia, um golpista poderia ter tentado conseguir dinheiro para abafar um escândalo que, na verdade, pode nunca ter existido.

Essa alternativa ajudaria a explicar a falta de informações pessoais de Paulo Dionísio nas cartas misteriosas. Porém, em nenhum momento, essa hipótese foi aventada pela polícia, pelo embaixador em Haia, pelos parentes do diplomata ou registrada nos documentos oficiais.

Nos tempos da Guerra Fria e da ditadura militar brasileira, muitas mortes misteriosas foram explicadas pela ação de policiais, agentes de serviços secretos e espiões. Esses crimes tiveram motivação política e as vítimas, em geral, integraram organizações inimigas.

Os órgãos de repressão no Brasil usaram o artifício do suicídio forjado para acobertar execuções e óbitos sob tortura. Esse método foi aplicado, por exemplo, no assassinato do militante do Partido Operário Revolucionário Trotskista (PORT) Olavo Hansen, conforme relatado nos capítulos 11 e 50 deste livro.

Um dos casos mais simbólicos da prática criminosa teve como vítima o jornalista Vladimir Herzog, morto em outubro de 1975, nas dependências do Destacamento de Operações de Informações do Centro de Operações de Defesa Interna (DOI-CODI) do II Exército, em São Paulo. As evidências de falsidade na versão oficial deram a esse episódio grande repercussão e contribuíram para o desgaste do governo militar.

Os responsáveis pela repressão também usaram o expediente de criar pequenos enredos para justificar as mortes em torturas e execuções.

No jargão interno, policiais e militares denominam esse tipo de mentira de "história cobertura". São artifícios criados para dissimular ações, facilitar disfarces ou encobrir identidades. O mesmo termo aplica-se quando um agente se infiltra entre inimigos e precisa inventar um passado que não desperte suspeitas.

A morte de Paulo Dionísio carece de evidências de que tenha conotação política. Não haveria, portanto, razões para uma execução consumada pelo aparato repressivo.

Apesar das opiniões críticas à ditadura, o segundo-secretário não deixou pistas de que tenha atuado em alguma organização política no Brasil ou no exterior.

Os contatos conhecidos que o diplomata manteve na Europa e o teor das conversas registradas no diário desestimulam conclusões sobre militância política clandestina.

Outra suposição para a estranha correspondência seria a ação dissuasória de algum serviço secreto. Um agente militar, nesse caso, teria produzido a carta com o objetivo de desestimular a família, ou algum organismo internacional, a contestar o suicídio.

Nessa linha de raciocínio, diante de uma relação complexa e oculta de Paulo Dionísio, a família preferiria abafar o caso. A versão do autossacrifício seria mais aceitável.

Pode-se dizer que à ditadura, de fato, não interessava prolongar as especulações em torno da morte do diplomata. O sequestro do cônsul Aloysio Gomide, no Uruguai, representava um flanco aberto para o governo brasileiro. Qualquer outro foco de problemas nessa área aumentava o desgaste no cenário internacional.

A conclusão pelo suicídio, na prática, estancou uma segunda crise.

Os órgãos da repressão, sabe-se desde aquela época, eram capazes de cometer absurdos muito maiores do que forjar correspondências. Não há, porém, nos arquivos nem nas entrevistas feitas para este livro, qualquer indicação que sustente a hipótese de que agentes secretos, brasileiros ou estrangeiros, tenham participado da produção das cartas endereçadas a Paulo Dionísio.

Os Vasconcelos inquietam-se com o silêncio do Itamaraty. Sejam inventadas ou verdadeiras, as mensagens *post mortem* fornecem elementos suficientes para questionamento dos resultados da investigação da polícia de Haia.

Pesa sobre os parentes o inquestionável suicídio de José Matheus. Ainda assim, não se convencem de que Paulo Dionísio repetiu o ato do pai. Se o diplomata teve uma vida paralela, mesmo discretamente, a família quer saber.

Em 1975, Paulino Cícero viaja para a Inglaterra. Leva junto o endereço do escritório de advocacia em Londres. No ponto indicado, o deputado depara-se com um edifício de cor escura, aspecto sombrio e acesso difícil. Pergunta no prédio pela firma de advogados. Ninguém sabe falar do escritório nem dos seus donos.

Paulino Cícero regressa ao Brasil sem explicações para a carta. Muitos anos depois, escreverá um texto sobre Paulo Dionísio. Lembrará a convivência com o irmão mais velho, a infância, a expulsão do colégio, os tempos de universidade.

Registrará também a viagem feita à Inglaterra.

55
Tabu

Maria Coeli mora com Manoela e Maria Paula em Brasília. As três vivem uns tempos com Almeida e Márcia, depois se mudam para o apartamento da SQS 208 – o mesmo que Paulo Dionísio alugara com o telefone do Itamaraty – e, por fim, voltam para o antigo imóvel da SQS 206.

As meninas passam férias com os tios e primos em Minas. Maria Paula é mais expansiva, falante. Manoela é mais calada, circunspecta. Cada uma à sua maneira, as duas vivem sem entender a morte do pai.

Os mais velhos carregam nas lembranças, ainda, o traumático suicídio de José Matheus. Com o tempo, o acontecido em Haia torna-se tabu. Sem certezas sobre as circunstâncias que tiraram a vida de Paulo Dionísio, guardam segredos que eles próprios desconhecem.

Esse tipo de comportamento enquadra-se um pouco no estereótipo do mineiro tradicional. Seja por receio de provocar melindres ou por mera falta de jeito, cala-se. Na dúvida, prevalece o silêncio.

Assim, as meninas crescem sob a sombra de um mistério. Entendem que não podem saber alguma coisa. Ouvem pedaços de conversas, interrompidas quando chegam perto. Na escola, enrolam-se quando perguntadas a respeito do pai. Maria Paula arranja uma maneira de responder: "Meu pai morreu na guerra."

Manoela permanece reservada. Sente-se triste e solitária. Leitora voraz, passa a maior parte do tempo com os livros. Estuda música.

A viúva aos poucos perde interlocutores para remoer as mágoas. Depois que volta para Brasília, Maria Coeli desiste da Arquitetura, estuda Comunicação da UnB, torna-se cineasta e professora da rede pública. Nessa fase, faz muitos amigos e tem outros relacionamentos afetivos.

Passa uma temporada no Rio de Janeiro, trabalha na estatal Embrafilme e participa de produções de cinema. Maria Coeli também aprende a se calar sobre a morte de Paulo Dionísio.

No final da década de 1970, os militares resistem no poder, mas a ditadura encaminha-se para o fim. Com o fracasso do "milagre brasileiro", o país atravessa grave crise econômica, com baixo crescimento, inflação em alta e aumento do desemprego.

As pressões da sociedade brasileira e de organismos internacionais forçam o fim do regime fardado. Para postergar a queda, o governo aos poucos atende às demandas das ruas. A partir do final da década de 1970, derruba a censura, acaba com o AI-5 e anistia os perseguidos políticos.

Com a abertura política, proliferam-se as denúncias de torturas e mortes nos porões da ditadura.

56
Pernas compridas

Dona Baíca não se conforma com o fato de não ter visto o filho no dia do enterro. O caixão lacrado estimula a imaginação da mãe do diplomata. Mística, cisma depois de algum tempo que não havia corpo dentro da urna. Talvez uma bananeira, ou qualquer outra coisa, mas só vendo ela acreditaria que Paulo Dionísio estava naquela sepultura.

A família decide atender o desejo de Dona Baíca. Manoel de Almeida, Maria Coeli e Marta, irmã de Paulo, resolvem exumar o corpo em 1980. Antes que o caixão seja aberto, a viúva se afasta para fumar um cigarro. Tenta controlar a ansiedade. Funcionários abrem a urna e serram a cápsula de zinco.

Quando Maria Coeli retorna para a beira da sepultura, vê primeiro as pernas compridas do marido. Paulo Dionísio, embalsamado, está idêntico ao que foi em vida. Veste a mesma túnica branca do necrotério de Haia. Emocionada, a viúva estremece.

O corpo volta para a sepultura.

Nessa mesma época, em 1980, Maria Coeli resolve expor os dramas do passado. Uma década depois de deixar a Holanda, concede uma entrevista ao jornalista Ary Pararraios, do *Jornal de Brasília*.[33] Fala da vida ao lado das filhas, do trabalho com cinema e da morte de Paulo Dionísio.

"Há dez anos estou tentando entender e engolir esta história. Fiz cinco anos de análise para aceitar o suicídio, que é a versão oficial do Itamaraty", desabafa a entrevistada.

A viúva volta com as meninas para Brasília. De novo, mora no apartamento da SQS 206. Vive entre móveis antigos, livros, quadros e lembranças.

Mesmo depois que Manoela e Maria Paula saem de casa, a convivência familiar mantém-se estreita.

---

33 Entrevista de Maria Coeli de Vasconcelos para o *Jornal de Brasília*, 6 de julho de 1980.

57
Procura

Um novo amor surge, em 1982, na vida de Maria Coeli. O pintor e cineasta Douglas Marques, de Sá tem outra família. Mesmo assim, os dois mantêm sólida relação por 18 anos.[34] A convivência com o artista proporciona uma fase de felicidade. Compreensivo e sensível, Douglas representa um suporte emocional para a viúva de Paulo Dionísio.

Em 1988, Maria Coeli anima-se a fazer um movimento em busca do passado. Acompanhada pelo novo companheiro, viaja para Haia à procura de informações sobre o marido morto. Na cidade holandesa, Maria Coeli e Douglas dirigem-se ao escritório de polícia que investigou a morte do diplomata 18 anos antes.

No primeiro momento, os funcionários parecem otimistas em relação à localização de documentos e fotos sobre o caso. Depois de rápida procura e de consultas a superiores, retornam menos solícitos. Dizem que nada existe sobre a ocorrência da Pompstationsweg nos arquivos da polícia.

Assim Maria Coeli relata a visita ao escritório da polícia de Haia.

As incursões pelo mundo dos audiovisuais renderam uma produção essencial para a história de Brasília. Maria Coeli dirigiu, fez a pesquisa e o roteiro do documentário *Honestino*, de 1992.

Montado com depoimentos de amigos e companheiros, o trabalho de Maria Coeli conta a trajetória do líder estudantil Honestino Guimarães – aluno de Geologia da UnB e último presidente da União Nacional dos Estudantes (UNE) antes do desmantelamento completo da entidade pelos militares.

Militante da organização Ação Popular e perseguido pelos órgãos de repressão, o estudante entrou para a clandestinidade no

---

34 Entrevista de Maria Coeli de Vasconcelos aos jornalistas Diego Ponce de Leon e Gabriel de Sá, *Correio Braziliense*, 2 de junho de 2013.

final dos anos 1960. Em 1973 foi preso e, desde então, está desaparecido. Seu nome integra a lista das vítimas da ditadura.

Os tratamentos médicos bem-sucedidos na infância corrigiram o problema ósseo na perna e Manoela cresceu sem problemas de mobilidade.

Com o tempo, a filha mais velha de Maria Coeli e Paulo Dionísio fica mais curiosa em relação ao pai que perdeu aos dois anos de idade. O temperamento introspectivo deu origem a uma personalidade inquieta, questionadora, de raciocínio rápido e palavras certeiras. O comportamento reservado ajuda a disfarçar a tristeza pela ausência do pai.

Na juventude, Manoela estuda música durante quatro anos, o que confirma a intuição do pai, primeira pessoa a perceber os pendores artísticos da menina. Dedicada e poliglota, gradua-se em Relações Internacionais.

Faz longas viagens pelo Brasil, vive na França e na Alemanha, onde tem uma filha, Maria Madalena. Também passa 10 meses no Zimbábue. No exterior, produz pesquisas sobre missões de paz em áreas de conflito, com foco na África.

De volta ao Brasil, continua ligada à música. Especializa-se em viola, instrumento de corda friccionada, da família do violino, com o som um pouco mais grave. Manoela integra orquestras amadoras e com frequência participa de espetáculos de música de câmara.

Em 1990, no governo Fernando Collor de Mello, o jurista Francisco Rezek toma posse como ministro das Relações Exteriores. As origens mineiras do novo chanceler encorajaram Paulino Cícero a tomar mais uma iniciativa em busca da verdade sobre o irmão. O deputado, então, solicita um esforço adicional do Itamaraty na procura de documentos que ajudem a encerrar as dúvidas pendentes.

Rezek atende ao pedido do amigo e, tempos depois, entrega uma pilha de papéis. Examinados, nada contêm que ajude a desfazer a angústia dos Vasconcelos. Mesmo com a influência política da família, o caso de Paulo Dionísio permanece oficialmente encerrado.

Ex-ministro do Supremo Tribunal Federal (STF), Rezek no futuro ocupará posto de destaque no exterior. Entre 1997 e 2006, representará o Brasil na Corte Internacional de Justiça, em Haia.

Quando tem idade para trabalhar, Maria Paula consegue um emprego com Paulino Cícero na Câmara dos Deputados. No gabinete do tio deputado, a caçula de Paulo Dionísio conhece o inquérito da polícia de Haia. Desde então, procura mais pistas sobre a morte do pai. Lê o diário e toma conhecimento da carta com ameaças.

Maria Paula casa-se pela primeira vez no final da adolescência. Separa-se e, no segundo relacionamento, une-se a Raul de Taunay, também diplomata, filho de Jorge Taunay e Mary Elizabeth – o casal que, em momentos diferentes, deu apoio a Maria Coeli e às filhas em 1970.

A coincidência também se explica pelo fato de que, por tradição, algumas famílias perpetuam-se no Itamaraty por várias gerações.

Por volta de 2006, Raul de Taunay é removido para a Itália no cargo de ministro conselheiro, a convite de Itamar Franco, ex-presidente da República, indicado embaixador em Roma pelo presidente Luiz Inácio Lula da Silva.

No consulado na capital italiana, Maria Paula e Raul encontram Brian Michael Neele, o mesmo diplomata que trabalhou na embaixada em Haia e, como testemunha, depôs na investigação policial. A curiosidade em relação à morte do pai, acumulada desde a infância, leva Maria Paula a solicitar ajuda. Reúne coragem e pergunta se Michael Neele pode descobrir alguma coisa sobre a carta.

Com ascendência inglesa, o ex-colega de Paulo Dionísio se prontifica a fazer algumas incursões no Reino Unido para tentar desvendar o mistério da correspondência. Depois de algum tempo,

Michael Neele informa que nada descobriu. Não sabe dizer se a carta é verídica ou forjada.[35]

Chuvas fortes alagam o Cemitério do Bonfim por volta de 2007. Marta, uma das irmãs de Paulo Dionísio, sugere a transferência do corpo para São Domingos do Prata.

Em uma Ranger azul, Maria Paula, Marta e as outras duas irmãs do diplomata voltam ao cemitério. Abrem o caixão e sentem o cheiro forte de formol.

Como a urna de zinco foi serrada em 1980, a água entrou na cápsula e dissolveu parte da matéria orgânica. Ficaram intactos apenas os ossos de Paulo Dionísio.

As quatro mulheres retiram o esqueleto do caixão, peça por peça, e o acomodam dentro de duas caixas. Os fêmures compridos cabem com dificuldade nos compartimentos. Retiradas todas as partes, jogam cal e pegam a estrada nas montanhas mineiras.

Durante o trajeto até São Domingos do Prata, elas comem pão de queijo na beira da estrada. No final do percurso, chegam ao cemitério de São Domingos. Em um pequeno morro, no centro da cidade, elas depositam os ossos no mausoléu da família, ao lado do pai, José Matheus.

58
Gesto

Passadas quatro décadas e meia, com a experiência de ter exercido quatro mandatos de deputado federal e comandado o Ministério de Minas e Energia, Paulino Cícero permanece incrédulo quanto às conclusões da polícia de Haia. Avalia que as investigações são insuficientes por não explorar o contexto político brasileiro nem as agitações na Holanda.

---

35 Entrevista para o autor, por e-mail, do embaixador aposentado Brian Michael Neele.

Mesmo que o irmão tenha cortado o próprio pescoço, raciocina o ex-deputado, foi levado ao ato de desespero por "forças externas".[36]

No final de 2014, Paulino Cícero chama Maria Paula à sua residência, em Belo Horizonte. Na casa em estilo colonial, com estrutura de cerne de aroeira, entrega à sobrinha pacote com os documentos que possui sobre a morte do irmão mais velho.

"Minha filha, por favor, leva este material e entrega na Comissão da Verdade", pediu Paulino Cícero.

Nestes dias, chegam ao fim os trabalhos da Comissão Nacional da Verdade, instalada em maio de 2012, pela presidente Dilma Rousseff, para esclarecer as circunstâncias dos abusos cometidos pela ditadura e buscar os corpos dos desaparecidos políticos.

Embora a comissão tenha avançado na reconstituição de fatos ocorridos durante o governo militar, o prazo encerra-se em dezembro e boa parte das pesquisas ficará inconclusa. Os Vasconcelos sabem que não há mais tempo para a CNV investigar a morte de Paulo Dionísio. Mesmo assim, fazem mais um gesto pela memória do diplomata.

A filha caçula dirige-se ao segundo andar do Centro Cultural Banco do Brasil (CCBB), onde funciona a CNV. No prédio projetado por Oscar Niemeyer, Maria Paula protocola a entrega dos arquivos sobre o pai.

A família busca respostas.

---

36 Entrevista para o autor do ex-deputado Paulino Cícero de Vasconcelos, em Belo Horizonte, dezembro de 2015.

EPÍLOGO

A jornalista Maria Luiza Abbott mora em Londres há mais de 15 anos. Depois de exitosa carreira de repórter no Brasil e de correspondente no Reino Unido, trabalha há algum tempo em consultoria de comunicação e assessoria de imprensa. No final de julho de 2016, Maria Luiza interrompe a temporada longe de reportagens para colaborar com este livro. A pauta consiste em apurar as pistas deixadas pelas cartas engavetadas – 46 anos antes – pelo Itamaraty.

Inicia o trabalho checando nomes, endereços, jornais, cadastros eletrônicos e redes sociais. Envia cartas e e-mails para pessoas de nomes e idades compatíveis com os remetentes das correspondências para o diplomata.

Em uma edição de junho de 1970 do *The London Gazette*, o diário oficial londrino, Maria Luiza descobre que nessa época existia em Surrey uma firma de advogados chamada Bell Krish & Company. A referência aparece na seção de notas e avisos legais do jornal.

O escritório, no entanto, localizava-se no imóvel nº 83 da Clarence Street – não no 38, como escreve Jean Pierre Goehl, o autor da carta de quatro páginas para Paulo Dionísio.

O condado de Surrey fica vizinho ao bairro de Kingston upon Thames, uma das 32 regiões administrativas da Grande Londres. Essa é uma área tranquila, bucólica e com boa qualidade de vida dos arredores da capital inglesa. Os moradores, em grande parte, trabalham na City, o centro histórico e financeiro.

A jornalista vai até a Clarence Street, uma rua de pedestres, com lojas coladas umas nas outras, semelhante a um shopping center. Não há mais vestígios da empresa de advocacia.

A repórter prossegue na apuração. Um escritório com a marca Bell Solicitors funciona em Farnham, também em Surrey.

Pelo telefone, uma funcionária explica que, no passado, a empresa teve um sócio de sobrenome Krish. Outras pessoas administram a firma agora e ninguém possui memória dos fatos passados há quase cinco décadas. Não sabe dizer se Peter Wheatley trabalhou no escritório.

Um amigo advogado fornece outra pista para Maria Luiza. Em Kingston upon Thames há uma firma do ramo chamada Sherwood & Wheatley.

A informação coincide em dois pontos com a carta para Paulo Dionísio. Um, o sobrenome Wheatley. Outro, a localização em Kingston upon Thames.

Em pesquisa feita na internet, a repórter constata que esse escritório originou-se em 1985 de outra empresa registrada com o nome de Peter Wheatley, também de Kingston upon Thames.

Uma advogada da firma explica, no início de setembro de 2016, que Peter Wheatley pertenceu aos quadros da firma. Mas não o conheceu. Há 20 anos, quando começou a trabalhar no escritório, ele já não estava mais lá – mudara de profissão e de endereço. Não tem mais notícias dele.

Sobre Jean Pierre Goehl, as pistas deixadas pelas cartas mostram-se insuficientes para rastrear dados do homem que assina as ameaças a Paulo Dionísio.

Durante um mês e meio de apuração – feita nos intervalos de outros trabalhos –, Maria Luiza chega mais longe do que o MRE em 1970. Quarenta e seis anos depois da morte do diplomata, com alguns contatos e entrevistas, a jornalista descobre pontos de conexão das cartas com a realidade na época dos fatos.

Com base no trabalho da repórter, pode-se afirmar que em 1970 existiu em Kingston upon Thames um advogado de nome Peter Wheatley, como na correspondência de quatro páginas. Também confere a informação de que, na ocasião, funcionava na Clarence Street um escritório chamado Bell Krish & Company. Ambas as referências estão no timbre das mensagens misteriosas.

Ao desprezar a busca de esclarecimentos, o Itamaraty exime-se de desvendar a autoria das cartas. Deixa na memória da instituição e da família Vasconcelos a incerteza quanto aos responsáveis pelas mensagens. Não explica se Wheatley e Goehl escreveram as ameaças ou se os papéis do escritório foram fraudados.

Para qualquer pessoa ou instituição interessada em investigar a origem das cartas, a checagem dessas informações seria o primeiro passo. Elementar.

Depois de quase cinco décadas da morte de Paulo Dionísio, chega-se à conclusão de que, em 1970, a embaixada em Londres dispunha de indícios suficientes para desencadear uma investigação sobre as correspondências. Não o fez.

De nada adiantou, para a solução do mistério, o qualificado corpo diplomático brasileiro lotado na Inglaterra e em Haia. Os adidos militares tampouco mostraram serviço. Civis e fardados omitiram-se de esclarecer as ameaças contra Paulo Dionísio.

Recorde-se que, em novembro de 1970, Corrêa da Costa comunicou ao colega Eiras, de Haia, que nada fora "apurado" a respeito do escritório de advocacia. Nesses termos, sem maiores indícios de investigação, o embaixador em Londres encerrou o caso. Em seguida, a Secretaria de Estado orientou Eiras a restituir a carta ao remetente.

Os documentos pesquisados para a produção deste livro demonstram que as embaixadas tinham outras tarefas, mais urgentes, demandadas pela cúpula do Itamaraty e pela Comunidade de Informações. Estavam sobrecarregadas com o monitoramento da imprensa, dos exilados e com a propaganda da ditadura.

As relações pessoais cultivadas com reverência no Reino Unido também se mostraram inúteis. Ninguém ajudou o embaixador em Londres a encontrar os remetentes das cartas. Nem mesmo a Scotland Yard.

Paulo Dionísio de Vasconcelos

Este livro foi reimpresso na Athalaia Gráfica,
em papel Pólen 80 g/m³, no formato 14X21 cm.

Brasília, dezembro de 2017